KB070800

# 명품

# 자녀 만들기

글 | 일파 합장

청어 도서출판

# 명품 자녀 만들기

일파 합장 지음

발행처 · 도서출판 청어
발행인 · 이영철
영　업 · 이동호
홍　보 · 최윤영
기　획 · 천성래 | 이용희
편　집 · 방세화 | 이서윤
디자인 · 김바라 | 서경아
제작부장 · 공병한
인　쇄 · 두리터

등　록 · 1999년 5월 3일
(제321-3210002510011999000063호)

1판 1쇄 인쇄 · 2014년 9월 20일
1판 1쇄 발행 · 2014년 9월 30일

주소 · 서울특별시 서초구 효령로55길 45-8
대표전화 · 586-0477
팩시밀리 · 586-0478

홈페이지 · www.chungeobook.com
E-mail · ppi20@hanmail.net
ISBN · 979-11-85482-60-6 (03370)

이 도서의 국립중앙도서관 출판시도서목록(CIP)은 서지정보유통지원시스템 홈페이지
(http://seoji.nl.go.kr)와 국가자료공동목록시스템(http://www.nl.go.kr/kolisnet)에서 이용하실 수
있습니다.(CIP제어번호: CIP2014027231)

# 명품 자녀만들기

# c·o·n·t·e·n·t·s

**제4부** 부모님이 해야 할 일

# 프롤로그

요즘 자식을 둔 부모라면 누구나 훌륭한 자녀 갖길 한번쯤 소원한다.

"개천에서 용이 날 때 드라마가 만들어지고 평지에서 거대한 산줄기가 휘돌기 시작할 때 들을만한 신화가 생기는 법이다."

현대사회에서 평범하게 사는 것도 쉬운 일은 아니다. 그러나 내 자식만큼은 특별한 아이가 되어서 집안의 가문을 부흥시키고, 사회적으로 성공한 사람이 되기를 누구나 바라기에 오늘도 자식들에게 부모로서 최선을 다해 전력투구한다.

오죽하면 애틋한 정을 나누는 부부지간에도 자식을 위한 것이라면, 기러기 아빠 되기를 마다하지 않는 세상이 되었겠는가. 그러나 그 노력의 결과가 훌륭하다면 고민될 일이 없겠지만, 얼마 전 신문보도와 같이 기러기 아빠의 허망한 죽음을 접했다. 전혀 다른 외국 문화권에서 공부에 대한 중압감을 못 이기고 중도에서 탈락하며 방황하는 우리의 아이들. 그리고 공허함을 이기지 못하고 현실로 다가온 이혼의 파경으로 인해 훌륭한 아이로 성장시키려는 애초의 계획이 아이들의 불행으로 이어지는 것이 지금의 현실이다.

부부가 원하는 훌륭한 자녀를 갖고 싶은 것은 자식을 둔 부모님들이라면 누구나 절실히 소망하는 소원일 것이다. 그러나 소망한다고 누구나 훌륭한 자녀와 자손을 갖는 것은 아니다.

그럼 왜 우리는 훌륭한 자손을 갖길 원하는가.

당연하겠지만 모든 부모님들은 훌륭한 자녀를 둠으로써, 누대에 걸친 집안과 자손을 통해 보존하고 더욱더 반영시키며, 사회에서 존경받는 큰 인물이 되길 바라는 뜻이 아니겠는가.

많은 분들이 더 많은 부를 창출하기 위해 동분서주하고 내 자식과 후손만큼은 훌륭하게 성장하여 이 땅에 새로운 명문가를 만들어 주길 절실히 바라는 뜻에서 오늘도 국내든 해외든 궂은일을 마다하지 않고 불철주야 뛰어다니고 있는 것이다. 이러한 신화의 주인공들이 절실히 바라는 것이 있다면 바로 내 아이의 훌륭한 성장이다.

내 자식들의 성공 신화를 위해서 오늘도 정성을 다해 아이들과 함께 국내외에서 빌고 또 비는 심정으로 미래를 위해 열심히 뒷바라지 하고 있을 것이다. 자녀의 영어발음을 위해 혀를 수술하고 자식의 과외비를 벌기 위해 식당에 나가 아르바이트를 하며 이것도 모자라 자녀들의 유학을 위해 부부가 생이별을 하는 이상한 나라가 지금의 우리 현실이 되었다.

언제부터 우리사회에서 기러기 아빠라는 신조어가 생겨났을까.

적어도 부모세대에 고생해서 모은 부를 나의 자식과 손자만큼은 좋은 환경에서 열심히 공부시켜 훌륭한 사회의 일원으로 당당하게 성장해 주기를 학수고대하는 우리의 부모의 마음에서 시작됐을 것이다.

명심보감에 이르길

성가지아 석분여금(成家之兒 惜糞如金)
패가지아 용금여분(敗家之兒 用金如糞)

"집안을 일으킬 아이는 똥을 금처럼 아끼고,
집안을 망칠 아이는 돈을 똥처럼 쓴다."

라고 하였으니, 옛 사람들이나 현대인들에게나 자식이 잘 되기를 바라는 마음은 동서고금이 같은가 보다.

부모 심정이란 자식들이 훌륭히 성장하기를 오직 한 마음으로 바라지만 뜻하지 않은 재앙이 늘 내 아이들을 괴롭히고, 부모의 심정과는 정반대의 방향으로 돌진하여 끊임없이 부모의 애간장을 태운다. 오늘날의 입시제도에서부터 성공하기까지 자녀들이 성공할 수 있는 특별한 비법은 없을까, 누구나 한번쯤은 상상해 보는 고민이다. 그러나 특별한 비법이 없다면 이 책을 세상에 내놓을 이유가 없다. 세상에 많은 부모님들이 밝은 빛을 보며 속이 후련한 길을 갈 수 있도록 확실히 제시할까 한다.

이 책은 특히 원효대사 때부터 고려시대를 거쳐 500여 년간 조선시대의 왕족과 사대부 선비집안으로부터 지금까지 몇백년간 종택의 후손들을 통해 전해져 내려오는 확실한 비법을 알려줄 것이다. 수백 년 동안 종택을 지켜온 사대부 집안에서 필살의 비법이 없다면 거짓일 것이다.

앞으로 이 책에서는 원효대사 때부터 조선시대의 왕족과 사대부 집안으로 전해져 내려오는 훌륭한 자녀 만들기의 핵심을 지금껏 한 번도 공개되지 않은 선(善)가의 비법을 통해 최초로 공개할 것이다.

이 세상을 새롭게 열어야 한다는, 으뜸의 새벽을 일깨우는 원효(元曉)의 이름만큼이나, 원효라는 거대한 산은 1,350년이라는 세월이 흘렀음에도 환하게 빛을 내뿜고 있는 이 땅의 불가사의의 활화산이었다.

그간 은밀히 전해져오던 원효대사의 비법은 그동안 종교계와 학계, 언론사와 저명인사 풍수지리가와 기 수련 연구가와 일본, 인도, 중국, 러시아, 캐나다, 대만, 싱가포르, 필리핀 등 많은 나라에서 신비한 기적이라며 각 나라의 총리, 장관, 왕족 등 저명인사들로부터 수없이 많은 초청을 받았다. 이 비법은 지금도 많은 곳에서 훌륭한 자녀를 만들기 위해 진행 중이며 당신도 상식이 파괴되는 이 비법을 통해 경이로움을 경험하게 될 것이다.

또한 당신은 이 글을 통해 믿을 수 없는 상상의 세계가 존재한다는 것을 접하게 될 것이고, 우리 집안과 자식들에게도 새로운 빛이 비춰줄 수 있구나 하는 가능성의 설레임으로 자녀 교육에 대한 당신의 근본적인 생각에 새로운 변화를 경험하게 될 것이다.

지금까지 한 번도 공개되지 않은 비법을 최초로 원효대사 비법의 마지막 수제자인 필자가 공개할 것이다.


유불지 즉유지(有不知 則有知)


"모르는 것이 있으면 아는 것이 있기 마련이다."

생각만 하고 실천이 없으면 알지 않는 것만 못하다고 했다.

수백 년간 비밀리에 전수되어 내려오는 사대부 종택들의 비법들을 당신에게 상세히 공개하여 앞으로는 대한민국의 모든 가정마다 훌륭한 자녀가 탄생하고, 그 아이들이 성장하여 대한민국 이 땅의 정치, 경제, 문화를 이끌고 세계적인 인물로 성장하여 21세기 세계 리더로 영향력을 발휘하는 인재들이 나오기를 바라는 뜻에서 이 글을 쓰게 되었다.

그간 애써준 많은 제자들과 물심양면으로 도와주시는 후원자 분들께 한없이 감사함을 표하며 특히 어려운 와중에도 아낌없이 지원해 준 재일교포 민단과 일본의 종단 지도자 분들께 감사함을 전하며, 필리핀을 비롯해 각 나라에서 적극적인 관심과 도움을 주셨던 관계자 분들께 이 지면을 통해 거듭 감사함을 밝힌다.

일본 교토 와온정사에서

일파 합장

명품 자녀 만들기

훌륭한 아이가 되어주길 바라는 부모에게는
자식들이 훌륭하게 성장하게 되면 만사가 형통이다.
사업하는 분들에게는 사업이 날로 번창하게 해주면 무엇을 더 바라겠는가.
믿으면 존재하게 되는 법이다.

제 **1** 부

# 후손이 잘 되기 위해서는

### 다 잘 되는데
왜 나와 내 자식에게만 불행이 닥칠까

### 조상 없이
훌륭한 2세가 태어날 수가 없다

### 훌륭한 자녀는
부모의 결혼과 태교부터 시작된다

# 1
## 다 잘 되는데
## 왜 나와 내 자식에게만
## 불행이 닥칠까

**사랑하는 사람과** 가정을 이루고 가족들과 행복하게 살며, 사업은 날로 번창하고 남부러울 것 없이 행복하게 사는 나와 가족에게 어느 날 갑자기 불행이 찾아왔다. 멀쩡한 아이가 사형선고를 받고 불치병에 걸리며, 아침에 인사하고 학교로 등교한 아이가 교통사고로 인하여 평생 불구가 되어 세상을 원망하며 살아가기도 하고, 싸늘한 죽음으로 부모들의 가슴에 지울 수 없는 상처를 남기기도 한다.

물론 이와 같은 커다란 불행은 부모로서 견뎌내기 어려운 고통임에 분명하다. 그래도 교통사고와 같이 순식간에 물리적으로 발생하면 부모와 주변의 사람들은 세월이 약이 될 수도 있다. 그러나 자살은 그렇지 않다.

2005년 한 해 동안 11,523명의 대한민국 사람들이 자살을
하였다.

OECD 국가 중 최고의 자살률이다. 충격스러운 통계지만
숫자만 보아서는 언뜻 우리 사회에서 일어난 일이라고 믿어
지지 않을 정도다.

일반인들이 생각하는 자살이란 세상살이 어려운 분들이
비관하여 목숨을 끊을 정도로 알고 있으나 내면을 들여다보
면 이해할 수 없는 자살로 인한 죽음이 너무 많다. 말 그대로
나와 내 주변은 전혀 관계없을 거라 생각하다가 막상 현실적
으로 닥치고 나면 순간 망연자실하고 허망함이 온몸을 기습
한다.

왜냐하면 자살에 이른 분들이 우리가 상상할 수 없는 각계
각층의 사람들이기에 그 충격은 더 말할 나위가 없을 정도이
다. 현대그룹 회장, 대우그룹의 사장, 부산시장, 전남도지사,
유명한 가수, 주가가 한창 뛰어오르는 미모의 여성 탤런트,
서울시 공무원 간부, 루머성이 있지만 삼성그룹 회장의 막내
딸, 멀쩡하게 인사하고 아침에 등교한 우리 아이들, 생활을
비관한 주부, 아침에 출근한 남편 등 이렇게 다양한 우리 주
변과 이웃이 2005년에만 일만 명 이상이 자살했고, 오늘도

우리 주변에 일어나고 있는 현상이다.

도대체 남의 일이라고 치부하기에는 생각의 한계에 부딪칠 수밖에 없다.

이것은 남의 일이 아니다. 바로 당신의 일이고 우리들의 일이다. 자살을 한 분들이 목숨을 끊어야만 했던 절박함이 본인에게 있었겠지만, 중요한 것은 타인에 의해서가 아니라 오로지 본인이 수도 없이 고민하고 절규하며 망설인 끝에 자신의 의지로만 할 수 있는 일이기에 필자의 입장에서는 아쉬움도 크지만 화가 앞선다. 자살은 얼마든지 예방할 수 있을 뿐 아니라 본인의 고통을 오히려 시원하게 해결하여 위기를 기회로 얼마든지 반전시킬 수 있기에 너무도 아쉬울 뿐이다.

또한 훌륭한 자제를 만들기 위해 온 가족이 장기간의 이별을 각오하며 기러기 아빠 됨을 마다하지 않고 부부가 의논하여 전적으로 아이를 외국으로 유학 보내지만 마음 한 구석이 늘 불안하고 꼭 이래야만 하는 현실에 답답함을 호소한다.

그러나 정작 자식들이 부모심정을 몰라주고 중도에 탈락하거나 사고로 인한 불행이 찾아오면 억장이 무너진다. 심지어는 술, 도박, 마약에 빠지기도 하고, 예기치 못한 딸의 임신은 엄청난 충격과 가정의 불화를 몰고 온다. 행복하자고 시작했던 애초의 계획이 자식들로 인하여 잉꼬 같던 부부 금슬이 급기야 파경으로 휘청대는 가정이 한둘이 아니다. 자식들에 대한 기대가 크다보니 실망이 크다는 것은 차라리 애교에 가까울뿐더러 지금의 불행은 차라리 공포에 가깝다.

부모 심정 다 똑같겠지만 왜 자식들은 부모가 원하는 대로 안 되는 걸까.

자식들에게 남들보다 몇 십 배는 애정을 더 쏟고 물질적으로 전혀 손색없이 원하는 것만큼 잘 해 주고 있는데 왜 원하는 대로 안 되는 걸까.

무엇이 문제이기에 이토록 가슴 아픈 일이 생기는 걸까.

천년만년 번창할 것 같은 사업이 예기치 않던 일로 망하게 되고 평생 행복할 것 같은 가정에 불행이 닥치고 그것도 끊임없이 찾아오고, 어느 날 남편이나 자식에게 사고로 인한 불행이 갑자기 생기고, 남부러울 것 없이 물질적으로 부유하고 사업도 욱일승천 번창하고 있는 집안의 귀한 자손이 불행에 빠지고, 잉꼬같이 살던 부부가 법정에서 냉정하게 돌아서는 일은 왜, 무엇 때문에 생기는 걸까, 분명 문제가 있을 것이다.

이러한 현상을 당신을 그저 운명이라고 받아들인다면 당신은 돌이킬 수 없는 어리석음을 저지르는 것이다. 정작 중요한 것은 이러한 불행을 이길 수 있는데 무릇 사람들은 보지 않고서는 믿으려 하지 않으니 필자는 답답할 뿐이다.

원인이 있으면 이유가 존재하고, 문제가 있으면 답이 나오기 마련인 것은 우주간의 돌이킬 수 없는 법칙이다. 이 기회에 단단한 믿음을 갖고 미리 예방하기를 권하다.

　자신과 자식에게만 유별히 불행이 발생하는 현상, 이러한 현상에 대한 상담과 필자의 비법을 토대로 내린 결론은 영(靈)적인 부분과 떨어져 설명할 수 없다는 것이다.

　나에게 일어나지 말아야 할 불행을 미연에 막을 수 있는 길은 인간으로서는 기적이 없는 한 방법은 결단코 없다. 무릇 모든 종교가 기적이 동반되어야만 하는 이유이기도 하다.

　기적이 없는 종교는 모래 탑일 수밖에 없기 때문이다. 그간 필자는 수없이 많은 기적 같은 일들을 많은 분들 앞에서 보여주었고, 그에 따른 결과를 여러 권의 자전적 소설로써 책으로도 보여주었다. 상담을 한 많은 분들이 기적이라고들 했지만 필자의 입장에서는 기적이라고 말할 수 없고 오히려 아주 간단한 것인데, 독자 분들이 모르고 있었고 또 모르기 때문에 지키지 않은 것뿐이다.

　21세기를 살아가는 요즘 같은 세상에 말로만 해서는 당신에게 도저히 신뢰를 받기 어렵다. 직접 눈으로 보고 온몸으로 체험을 해야 비로소 기적의 존재를 믿기 때문이다.

　기적이라는 것 또한 몰래 혼자만 알고 혼자서만 본 것보다는 여러 사람 혹은 수없이 많은 사람들과 공유함으로써 이 놀라운 기적을 확인하는 것 이야말로 상상의 세계가 아닌 현실의 세계를 확인시킬 수 있는 유일무이한 길이기 때문이다.

우리 인간은 스스로 만물의 영장이라 하며 모든 운이 나에게로 몰려올 듯 행동한다. 자연을 잊고 살기에 만병에 시달린다. 모든 미물의 생명체와 하찮게 여기는 곤충들, 살아 움직이는 모든 동물들이 모두 몸을 피했을 때 오직 인간들만이 아무것도 못 느끼고 앉아서 쓰나미의 재앙을 뒤집어쓰고 무려 20여만 명이 생사를 달리했다. 이렇게 누구는 불행을 뒤집어쓸 때 누구는 그 와중에 삶을 다시 찾는다.

우리 인간은 불행이 아니라 행복을 찾아야 한다.

필자는 세계 각국의 저명한 인사들과 접촉하고 있으며 깊이 교류하고 있다. 특히 세계 각국으로부터 초청 받아 다니다 보면 많은 상담을 통해서 당사자의 얼굴만 보아도 이 사람이 위기에 빠져 있는지 아닌지 알 수 있을 뿐만 아니라, 사진에 나타난 얼굴과 출신지와 이름만 알아도 곧 닥칠 위기를 바로 알아 낼 수 있었기에 안타까움이 클 수밖에 없다.

실례로, 힘들고 어렵고 위기에 처해있던 가정을 그동안 수없이 수렁에서 건져주었다. 그동안 성함만 들어도 알 만한 명문가 집안도 꽤 많이 있었고, 유학 간 자식 사진을 들고 와서는 극적으로 살린 예도 수없이 많았다. 또한 그들이 극복할 수 있는 구체적인 방법을 알려준 결과 뒤에는 무사히 학업을 마치기도 하고 국내외에서 성공한 인물이 수없이 배출되었기에 다행스러움을 느낀다.

문제는 이렇게 코앞에서 일이 터져야만 다급해하니 너무도 안타깝다. 그것뿐만 아니라 매스컴에서 매일같이 쏟아지는 강력사건을 접하면 자신과는 전혀 관계없다는 듯 외면하다가 현실이 되어 버리면 땅을 치며 후회한다.

그럼, 이를 해결하기 위한 근본적인 해결책은 없는 것인가?

필자는 십여 년간 국내 저명인사들과 당대의 사업가 집안들과는 깊은 인연을 맺고 발복을 해 주고 있다. 물론 국내뿐만 아니라 홍콩, 대만, 중국, 인도, 필리핀, 캐나다, 러시아, 일본에서 저명인사들과 교류하며 많은 상담을 통해 사업 이외에도 집안의 대소사까지 의존하는 분들이 많다.

특히 자식들 문제를 간곡히 부탁하며 맡기시는 것을 보면 동서고금의 부모들에게 한결같은 고민이 무엇인지 확실히 알 수 있다. 그렇다면 소위 이렇게 잘 나가는 가문에서 왜 필자에게 자신들의 사업부터 자식들의 미래까지 모든 것을 맡기고 의논하는 것일까. 그에 대한 해답은 간단하다.

그동안 수없이 많은 예언이 모두 맞았기 때문이다. 많은 사람들은 필자의 예언에 무관심으로 일관하다 정작 본인의 가족에게 연관된 미래 예언이 들어맞았을 경우에는 벌어진 입을 다물지 못한다. 현실적인 예언이란 자기중심적으로 움직여야 하며 본인에게 직접적으로 도움이 되어야만 믿음과 신뢰가 최대로 증폭된다.

커다란 예언은 무엇이고, 작은 예언은 어떤 것인지, 나에게 흔히 말하는 운이 찾아온다는 것은 어떤 것을 말하는지 소개해 본다면 이렇다.

그동안 필자와 인연이 맺어진 많은 분들과 후원회사에 틈만 나면 어떻게 하던 도움을 주려 제자들과 함께 노력하고 있는 것이 사실이다. 그러던 중 아주 특별하고 너무도 유명한 일화가 만들어진 경위를 소개할까 한다.

소개하고자 하는 내용은 모든 일자가 컴퓨터에 기록이 되어있을 뿐 아니라 대한민국 금융가에 지금도 전설처럼 내려오는 일임을 밝힌다.


필자가 2001년 9월 11일 미국 무역센터 테러사건을 예언하면서 핵폭풍 같은 증권시장의 요동을 예언하고 제자들과 함께 후원자와 후원사에 급히 연락을 취했다.

첫 번째 그룹은 필자를 따르면서도 선물옵션은 고사하고 주식을 어떻게 사고파는지 조차 모르는 그룹이고 두 번째 그룹은, 필자를 후원하는 국내 최대의 증권사와 애널리스트들로 구성된 국내 최고의 전문가 그룹으로 주식을 업으로 삼고 사는 전문 인력 집단그룹이며 세 번째 그룹은, 개인적으로 주식의 매매를 해본 경험이 있는, 흔히 말하는 개미군단 그룹으로 자연스럽게 나누어졌다.

이분들에게 필자가 감지한 위험을 얘기해 주면서 필자의 예언을 믿고 투자하라고 일러주었다. 첫 번째 그룹은, 필자를 믿지만 방법을 몰라서 그냥 지나쳐 버렸고 두 번째 그룹은, 본인들이 주식으로 먹고사는 전문가들인데 그런 일은 일어날 수도 없고, 하늘이 두 쪽이 나도 미국을 상대로 그런 일이 벌어질 수 없다며 외면하였고, 세 번째 그룹만이 말 그대로 하늘의 대박을 맞았다.

쉽게 설명하면 200만원을 투자한 분이 이틀 만에 2억을 버는 한국증시 사상 전무후무한 기록들이 바로 그때 당시 유일하게 필자를 후원했던 분들에 의해서 일어났음을 밝힌다. 이 사건으로 소문이 장안을 휩쓸면서 각 증권사마다 강의 요청이 수십 건씩 쇄도하여 특별히 후원하던 증권사에서 임원진과 전 직원을 상대로 강의하기도 했던 특별한 경험을 갖고 있다.

예언이란 이렇게 본인의 직업이나 특성에 맞게 어떻게 활용하느냐에 따라 천차만별의 결과가 되기도 한다. 그러나 필자가 예언하는 본인들의 운이 개인일 경우에는 생사(生死)가

걸려 있을 수 있기 때문에 남의 일처럼 넘겨서는 안 된다.

필자가 예언하면 죽는다면 죽었고, 망한다면 망했고, 회생한다고 하면 회생하였고, 당선된다면 당선되었고, 합격한다면 합격하였으며, 병이 호전될 것이라고 하면 호전되었다.

독자 분들의 이해를 위해 예언했던 몇 가지만 나열하면 이렇다.

◆ 쓰나미로 인한 대량인명 피해 예언
◆ 일본에서 일어나는 크고 작은 지진피해 예언
◆ 필리핀 2차 쓰나미 태풍 예언, 주민들 이전으로 피해 최소화
◆ 미국 9·11 무역센터 테러 사건 예언
◆ IMF로 인한 경제혼란과 원상회복 시기 예언
◆ 고 박정희 대통령 집안의 계속되는 자손들의 불운 예고
◆ 김대중 대통령 당선과 북한방문 예언
◆ 민주당 대권경쟁에 뛰어든 노무현 의원과 대권을 승리로 이
　끄는 대통령 노무현까지 예언
◆ 고건 시장의 당선과 몇 %의 지지율로 당선될 것인지 매스컴
　보다 앞서 소수점까지 예언
◆ 삼성그룹의 세계적인 약진과 이건희 회장의 폐암에 대한 경
　고와 함께 집안 자녀의 우환을 예고

◆ 현대그룹의 혼란과 정몽헌 회장의 갑작스런 불안을 예고

◆ 대우그룹의 폭풍전야와 김우중 회장의 몰락을 예언

◆ 신림동 고시원에서 사법고시를 준비하던 현직 검찰고위간부
　자녀들의 고시합격 일화

◆ 병원에서도 포기한 암환자를 살림

◆ 주식으로 종가 집까지 저당 잡힌 불행한 장손 원금 찾아주기

◆ 부모도 포기한 어느 고등학생의 명문대 합격일지

◆ 미국 유학중 모든 것을 포기한 유학생의 자살을 막고 병원에
　서 극적으로 소생시킴

　필자가 그동안 국내외에서 수없이 많은 예언을 일지로 써
야 한다면 아마도 책 몇 권 분량만으로는 부족할 것이다. 하
지만 말이 예언이지 이 정도만의 예언이라면 귀신도 울고 갈
수밖에 없다. 허나 이러한 예언을 각 개개인마다 해주어 헤아
릴 수없이 많지만, 정말 중요한 것은 앞서 지적했듯이 본인에
게 직접적으로 이로워야 한다는 것이다. 본인에게 해당 안 되
는 미래 예언이 무슨 소용이 있겠는가.

　분명히 밝히는 거지만 국내든 해외든 명문가에서 필자를
찾는 결정적 이유는 엄청난 변화를 본인이나 가족이 직접 느
낄 수 있기 때문이다. 이러다보니 모 대학교 총장이 필자에게
당신은 신적인 능력을 가진 대한민국의 국보급 존재라며 엄

지를 치켜세우곤 한다. 본인은 교회 장로지만 인정할 것은 인정한다고 하니 그분이 인격에 비례해 고맙다고 표현할 수밖에 없었다.

누구는 장관이 되고 기업체 계열을 이끄는 회장이 되며 국회의원, 판검사, 세계적인 예술인과 과학자가 되는데 이렇게 후손들이 잘 되고 성공하는 그 이면을 보면 그냥 되는 것이 아니다. 반드시 그만한 이유가 있고 원인이 있기에 해답을 주려고 이 책을 집필하였다.

로또복권을 1,000원 주고 한 장이라도 구입한 사람만이 800만 분의 1이든 1,000만 분의 1이든 당첨될 확률이 있듯이, 무조건 나의 불행만을 한탄하고 모든 것을 운명으로만 돌리기에는 아직도 불가사의한 일들이 너무 많기 때문이다.

특히 운명으로만 치부하던 분들은 그 운명이 바뀔 수 있다는 것에 놀라고 본인의 눈앞에서 벌어지는 기이한 체험에 두 번 놀라게 될 것이다. 당신도 이 책의 내용을 다 이해하고 실천하면 앞으로 당신과 자식, 후손대대까지 행복한 날들을 보장한다.

그럼 이 책 속에 숨어있는 원효대사의 비법을 찾아 떠나보기로 하자.

진정한 비법이란 몇 번의 기합과 몸짓으로 되는 것이 아니다. 수십 년간 쌓았던 내공을 순간의 일합으로 자신을 증명하는 법이다. 나와 내 가족에게 불행이 닥쳤다면 그 불행을 풀어줄 사람이 필요한 법이다.

훌륭한 아이가 되어주길 바라는 부모에게는 자식들이 훌륭하게 성장하게 되면 만사가 형통이다. 사업하는 분들에게는 사업이 날로 번창하게 해주면 무엇을 더 바라겠는가. 믿으면 존재하게 되는 법이다.

그래서 그동안 국내외에서 수없이 많은 기적을 일으키며 진정한 행복을 알려준 기적의 세계로 독자 분들을 안내하려는 것이다. 그리고 필자는 여러분께 당부한다. 다른 사람이 잘 되는 것을 시기하거나 질투하는 열등감을 떨쳐버리고, 당신과 당신 자식에게 불행이 닥치는 것에 대해 걱정하기보다는 적극적인 방법으로 그 원인을 찾아 치유하고 지켜주는 행동을 기대한다.

필자 또한 여러분이 갖고 있는 자녀에 대한 불안과 염려를 해결할 수 있도록 아낌없이 상담할 준비가 되어있다.

# 2
## 조상 없이
## 훌륭한 2세는
## 태어날 수가 없다

우리네 인생사는 지난 과거 없이 현재나 미래가 존재하지 않는다. 모두 그런 것은 아니지만 지금 당장 힘들고 어려운 집안을 살펴보면 대개 과거가 없어졌다. 과거가 없어졌다는 것은 나의 뿌리인 조상이 없어졌다는 것이다.

필자가 조사해 본 바로는 20~40대 성인 남녀 중 아버지 윗대인 증고조부 할아버지의 행적과 가족사를 대부분 알지 못했고 어떤 일을 했는지도 대부분 몰랐다. 심지어는 할아버지와 할머니 함자도 50% 이상이 모르고 있었으니, 증고조부의 함자를 모르는 것은 어찌 보면 새삼스러운 것도 아닐 것이다.

윗 조상님을 모르고 기본이 갖추어져 있지 않는데 본인과 자녀들이 잘되기만 바라는 것은 뿌리 없이 먹음직스러운 열매가 열리기만을 바라는 것과 같다. 모든 자손들이 지켜야 할 근본은 부모님께 행하는 효가 근본이자 첫 번째 귀감이 되어야 집안도 번창하고 행복해진다.

옛날 우리들의 선조인 고려시대와 조선시대에는 어떠했을까.

고려로부터 조선을 개국한 태조 이성계가 왕권을 잡은 1392년부터 근대조선 마지막 왕인 순종 때까지 약 1,000년을 왕씨(王氏)와 이씨(李氏) 단 두 집안의 핏줄로 한 나라의 국가를 통치할 수 있었던 비결은 무엇이었을까. 혹시 우리가 모르는 숨겨진 비책이라도 있는 것은 아닐까.

조선시대 500년간의 국가통치 속에서 어떻게 한 핏줄로 수백 년간을 지켜올 수 있었는지를 살펴보는 것도 의미가 있을 것이다. 세계적으로 유래가 드물게 오랜 기간 동안 국가통치를 유치할 수 있었던 비결이 없다면 오히려 이상하기 때문이다.

국가를 통치하고 권력을 지키기 위해서는 여러 복합적인 이유가 있겠지만 가장 중요한 임무로 친다면 무엇이었을까.

첫 번째로 가장 귀중히 여겼던 것은 선대조상을 모신 종묘사직을 지키는 일과 태자들의 교육이었을 것이다. 태자의 교육은 선대 왕족들의 종묘사직을 지키기 위한 자손들의 치열한 싸움이라고 봐야하며, 왕과 신하들이 국가의 운명을 걸고 종묘사직을 지키려 했던 역사적인 사건들은 조선왕조실록에 가장 큰 비중으로 수도 없이 다루어져 있기 때문이다.

왕가의 가문을 지키기 위한 왕세자들의 교육은 국가의 운명을 걸고 철저하게 세자들 교육에 심혈을 기울일 수밖에 없었다. 비밀리에 전수되던 왕가의 교육법이 세자의 스승들인 종가 댁으로부터 우리에게 알려진 것이 최근의 일이다. 당연히 세자의 결혼은 국가의 중대사가 되었고 훌륭한 가문의 여식을 간택하는 과정은 실로 까다롭기가 이루 말할 수 없었다. 이중 특이한 일은 결혼날짜를 남자 쪽에서 일방적으로 정한 부분이다. 부부간의 합방으로 잉태한 태아는 그 순간부터 남자 쪽 조상의 혼이 찾아 들어와 선대조상의 음덕으로 훌륭한 아이가 태어났다고 굳게 믿어왔던 것이다.

이와 같은 믿음으로 임신을 하게 되면 본격적인 태아 교육을 별도의 기관에서 관장하게 되는데, 수백 년 전에 현대와 같은 태아교육이 존재했다는 것은 역사상 어느 민족도 유래가 없었으며, 교육과정 또한 현대보다 더 과학적이었다는 것이 학자들의 평이니 그저 옛 선조들의 지혜에 감탄할 뿐이다.

교육과정 또한 매일같이 일정한 시간에 듣는 궁중 태교음악과 당시 최고의 학자로 선발된 스승의 글을 소리로 듣는 태교교육을 체계적으로 받았다 하니 현대 태교교육법과 별반 다르지 않다. 이렇게 태아는 조상의 영혼을 점지 받았다는 믿음으로 귀히 여겼으며, 출생 후의 태(胎)인 탯줄은 태조가 묻혀있는 동구능에 보관되었고, 50여기의 역대 왕들과 태자들의 태실을 조선왕조왕실에서 특별히 중요하게 관리하던 사실은 태아교육에 대한 중요성을 증명하는 역사적 사실이라 하겠다.

당시 왕실 교육법은 세도가들에게도 전수시키지 않았으며 스승이라 할지라도 모든 교육과정과 비법은 철저한 비밀에 부쳐졌고 발설 시에는 참혹한 형벌을 피할 수 없었다. 그러나 이 비법들은 결국에 세월이 흐르면서 세자들의 스승이었던 분들에 의해 명문가 집안의 종택 자손들에게만 특별히 전수되어 수백 년간 종가로부터 오늘에 전해져 오고 있는 것이 사실이다. 당시 세자들의 교육은 국가의 운명과 함께 멸문지화를 막을 수 있는 유일한 희망이었다. 잘못된 세자의 선택과 영민함이 없이는 왕권강화를 유지할 수 없다는 판단에 따라 세자교육이야말로 생사를 결정짓는 교육이었고, 그 습득과정이 얼마나 혹독하였는가는 역사가 말해준다.

고려로부터 수백 년간 이어받은 왕실의 교육을 새 왕조 건설과 함께 대폭적으로 현실에 맞게 보완하여 세자들 교육에 심혈을 기울였으며 이러한 교육의 혜택으로 선택된 첫 번째 세자가 바로 태종 이방원의 셋째 아들인 세종대왕이시다.

세종대왕은 한글창제 뿐만 아니라 조선시대 최고의 문화중흥의 기틀을 일궈 낼 수 있었던 원동력은 왕실에서 심혈을 기울인 세자교육 덕택이라는 것은 우연이 아니다. 이때의 세자교육의 근간이 수백 년간 근대조선까지 교육의 기틀이 되었고 사대부 집안의 길라잡이가 되었던 것이다.

필자는 이렇게 사대부 집안으로부터 수백 년간 전수되어 내려왔던 교육법과 특히 비밀스럽게 유지되어 종택의 자손들이 아니면 도저히 알 수 없도록 베일에 싸여 전수되어 온 특별한 비법을 공개하려는 것이다.


현대를 바쁘게 살아가는 부모님들에게 절실히 원하던 올바르고 훌륭한 자녀 만들기의 첫 단추이자 가장 절박한 부분이기 때문이다. 훌륭한 조상님이 없이는 나와 후손들이 잘 될 수 없다는 것은 공식이다.

이 공식의 풀이를 하나하나 뒷장에서 상세히 설명할 것이다. 이 책에서 전달하고자 하는 핵심만 당신이 이해한다면 당신도 얼마든지 행복해 질 수 있고, 당신의 자녀들도 조선시대 500년 동안 비밀리에 전해 내려오는 왕족과 세자들에게 행한 비법으로 훌륭한 인재로 거듭 성장하게 될 수 있을 것임을 확신한다.

# 3
## 훌륭한 자녀는
## 부모의 결혼과
## 태교 때부터 시작된다

가정이 무너지고 학교가 무너지고 있다.

국가 백년대계인 교육정책은 방향을 못 정하고 이리저리 헤매고 있으며, 대학교수 자식이 재산 때문에 부모를 죽이고, 부모가 생활능력이 없다 비관하며 사랑하는 어린 자식을 강물에 던져 버리는 세상이다. 남편이 아내를 죽이고, 부인이 남편의 청부살인을 의뢰한다. 사업에 실패하여 삶을 비관한 가장이 아파트 옥상에서 온 가족과 집단으로 투신자살을 한다.

무엇하나 부러울 것 없는 사회 지도층 인사와 전문지식계층, 사장, 도지사, 심지어는 대기업의 임원과 자녀가 자살한다. 학교에서의 사소한 시비 거리로 스승과 제자가 맞고소를 하는 세상이 되었다. 영원한 부부의 맹세가 법정에서 원수가 되어서 헤어진다.

세계최고의 이혼율로 인해 우리의 자녀들은 불행의 고통 속에 방치되어 아픈 상처를 가슴에 안고 살아간다. 결국 이 아이들이 성장해서는 따뜻한 가족 사랑의 추억보다는 사회의 냉혹함에 떨어야하고 결국 자기만 아는 이기주의자가 되어 살아간다. 새로운 가정을 이루고 또 다시 위와 같은 악순환이 계속 이루어지게 되면서 종내는 불행하고 몰락해 버리는 비운의 가문이 되어 버린다.

그렇다면 이 악순환의 고리는 어디에서부터 시작이 되었고 어디에서부터 어떻게 풀어야 할까. 과연 그 원인은 무엇일까. 이 모든 불행의 씨앗을 확실하게 개선시킬 수 있는 반전은 없는 것일까. 문제가 있으면 해답이 있기 마련이고 문제란 해결하고자 있는 것이다. 일만 발생하고 마무리는 되지 않으며, 나에게 주어진 운명이라며, 시시각각 다가오는 불행을 알면서도 대처할 수 없으면 그것이야말로 가장 큰 불행일 것이다.

불행한 원인과 해답을 찾고 문제를 해결함과 동시에 나와 내 가족에게 새로운 희망과 대안이 눈앞에 펼쳐졌을 때 비로소 우리는 행복을 느낄 수 있을 것이다. 우리 모두는 똑같은 환경과 시대적 배경에서 엇비슷한 실력임에도 불구하고 천지차이의 인생을 살아간다.

왜 누구는 성공한 사업가, 장관, 판검사가 되고, 노벨상에 근접한 의사가 되며, 세계적 명성을 날리는 과학자, 성악가가 되기도 하고 지휘자가 되기도 하는가. 특히 스포츠 스타들 중에는 운동을 함께하면서 분명 내가 더 능력이 있었음에도 어느 날 찰나적인 희비의 순간으로 모든 운명이 바뀐다. 그러한 것을 그저 운으로 돌려서 스스로 위안을 얻기도 한다.

특히 국가의 지도자인 대통령, 대법원장, 국회의장, 총리, 국회의원, 장관, 경제인들이 나와 함께 한 학창시절엔 별반 차이가 없었건만, 지금은 천양지차로 변한 그들의 모습을 보면서 한없이 화가 나기도 한다. 기업인들의 성공에 대한 희비는 가문의 영광이 되기도 하지만 때론 불란의 씨앗이 되기도 한다. 또 한편으로는 정상적인 교육을 받지 않았음에도 불구하고 불굴의 의지로 세계적인 기업을 일구고 정신없이 바쁜 와중에도 2세 교육에 심혈을 기울여 2세, 3세로 하여금 후계자의 길을 맡김으로서 가문의 중흥과 함께 세계적인 경쟁력을 갖춘 기업이 이 땅에 많다.

그러나 사업하는 분들이 누구나 돈이 있다고 2세나 3세가 가문을 이끌고 성공하는 것은 아니다. 실패 또한 얼마나 많은가. 요즘 같은 시대에 사업이든 정치인이든, 전문직 종사자이든, 성공할 수 있는 기회가 이처럼 많은 시대도 단군 이래 없었을 것이다.

이렇게 다양함이 수없이 존재할 때 아이의 꿈을 이룰 수 있는 기회 또한 무수히 많아진다. 예전이나 지금이나 출세하고 잘 나가는 집안을 살펴보면 하나같이 결혼과 태교에서부터 이미 성공과 실패가 시작된다고 봐야하며, 어떻게 이야기하면 이미 자녀의 미래가 결정되었다고 해도 과언이 아니다.

유일하게도 모든 인간들에게 공평한 기회를 주는 것은 바로 임신과 태아의 출산과정일 것이다. 바로 이 시기야 말로 주의 깊게 관심을 기울여야 한다. 이 아이의 탄생에 한 집안 가문의 흥망성쇠가 걸려있기 때문이다. 일반인 가정에 태어난 아이라 할지라도 그 아이의 탄생과 교육이 한 가정 나아가서는 한 회사 더 나아가서는 한 나라의 흥망을 좌우할 수도 있는 것이다.

당신의 결혼과 아내의 임신은 곧바로 선대조상의 영혼과의 교섭으로 이어진다. 태아의 미래 암시인 태몽으로 우리는 아이의 미래를 점쳐보기도 한다. 수탉 꿈을 꾸면 벼슬을 할 것이라든가, 용꿈이면 성공할 아이라 해서 미래를 미리 예견해 보기도 한다.

즉 태몽은 영가의 영혼을 선대의 조상과 이승세계의 후손을 연결시켜주는 휴대폰과 같은 역할을 하기 때문이다. 인생을 살면서 우리는 돈과 싸우고 자식들과 싸우며 병마에 시달리기도 하며 힘겨운 인생과 부딪치지만 아이들에게만은 좋은 환경을 무조건 제공해 주고 싶은 것이 부모 마음 아니겠는가. 그러나 선천적 장애를 갖고 태어나는 수많은 아이들과 후천적으로 불치병에 의한 유전들은 모든 시작이 태아 때부터 이미 시작되었다고 봐야한다. 그렇지 않고서야 어떻게 설명으로 이해가 되겠는가.

태아는 우리 인간들의 삶의 시작이요 전부인 것이다.

태아와 태교의 시작으로 인하여 나의 후손은 탄생하고 어떤 식으로든 종국적으로 생의 끝에서 죽음을 맞이하게 된다. 훌륭한 2세를 만들기 위해서는 결혼과 태교에 대한 중요성을 인식해야만 기본부터 훌륭한 자녀를 맞이할 수 있는 것이고, 그러기 위해서는 결혼과 태교의 시작이 왜 필요한가에 대한 핵심을 이해하고 실천하여 지금부터 나와 내 가족의 인생을 반전시켜야 한다.

당신은 TV에 나오는 불가사의한 현상들에 대해 얼마나 믿고 있는가. 때로는 그것이 현실로 다가오지 않았는가. 많은 분들이 필자에게 영혼은 정말로 존재하는가 하고 물어온다. 그 질문에 대한 필자의 대답은 물론 영혼은 존재하고 늘 우리 곁에 있다고 말해준다.

전 세계 어느 곳이든 사람이 살고 있는 곳에는 어떤 방식이든 인간의 주술로 망자의 혼을 불러들이는 주술의식이 존재한다. 개인적인 주술사에 의한 주술이든 집단적인 주술이든 이승세계와 저승세계를 연결하여 살아있는 인간에게 도움을 요청하는 영혼의식으로 행해지고 있다. 이 요청에 대한 도움이 이루어졌을 때 우리는 기적이라고 표현하는 것뿐이다. 2002년 월드컵 때 붉은악마들의 응원. "대— 한— 민— 국—"이라 외치며 집단적 염원이 한곳으로 집중되었을 때 선수들의 투혼과 의지가 혼연일체가 되어 세계4강이라는 위업을 이룬 사건을 세계 매스컴은 홈 어드벤테지에 의한 기적이 일어났다고 표현한다.

한 예로, 죽기살기로 결혼을 막으려는 시부모와 죽음도 우리의 사랑을 막지는 못할 것이라며 버티는 아들이 있다고 하자. 종내는 자식 이기는 부모 없다고 아들이 부모로부터 결혼 승낙을 받지만 고부간의 살벌함은 아침 밥상부터 일상의 온갖 스트레스로 엄습해 집안 분위기가 항상 가라앉고 어두울 수밖에 없다. 이럴 때 온 가족의 스트레스를 한 번에 해결하고 고부간의 냉랭함을 극적으로 반전시키는 것이 손자의 탄생이다. 그러나 이렇게 귀한 손자의 탄생이지만 그런 것을 일컬어 기적이라고 말하지는 않는다.

누구나 결혼하면 대부분 생기는 새 생명의 탄생은 인류 이래 지금까지 우주의 순환법칙처럼 끝없이 내려왔기 때문이다. 이 아이의 탄생을 두고 주변 사람들은 그저 당연한 현상일 뿐 다른 가정과의 차이를 느끼지 않는다. 그러나 이렇게 평범한 가정의 일임에도 불구하고 뭔가 남 다른 사연이 붙으면 이야기는 180도 달라진다.

가령 5대째 외아들인데 늦둥이이거나, 사고로 아들이 생식 기능이 거의 없는 상태에서 자식을 갖게 되거나, 결혼해서 행복하게 살다가 비행기 사고로 자식들을 잃고 집안의 대가 끊길 상황에서 오십이 넘은 부인이 임신했을 경우를 우리는 흔히 작지만 개인에게 일어난 기적 같은 일들이라고 한다. 그러나 우리 모든 사람들에게는 이 세상을 살아가는 동안 드라마와 같은 인생들이 예외 없이 수많은 사람들에게 벌어진다. 특히 위기에 봉착하게 되면 당연히 기적을 바라게 되는 것은 인간이면 누구나 다 같을 것이다. 그런데 일반적으로 본인에게 결혼 전에는 별반 문제가 없다가 혼인하고 자식들이 생기면서부터 인생사가 요동치는 것은 왜 그럴까. 희로애락의 파노라마가 아이뿐만 아니라 부모와 주변인들에게 영향을 미치기 때문이다.

이러한 현상을 간단하게 요약하면 이렇다.

결혼과 동시에 여자 쪽의 조상 혼들이 시집과 함께 남자 쪽 집안으로 따라오고 따라온 조상의 영혼이 원귀일 때에는 결혼과 동시에 남자 쪽 집안에서 많은 문제가 발생한다. 또한 아이가 탄생하고 성장하는 과정에서도 끊임없이 잔병치레와 부모 자식 간의 불화로 인한 끊임없는 논쟁이 불행을 가져와 모두의 인생을 피곤하게 만들어 간다는 것이다. 또 하나의 현상은 여자 쪽에서 따라온 조상의 원귀는 없고 잘되기만을 바라는 영혼만 존재하는데도, 남자 쪽 조상에 영혼들이 잘못 되었을 때는 위와 같은 현상이 끊임없이 발생한다. 따라서 결국에는 이혼의 파경으로까지 몰고 가 이승에서의 인연을 순탄하게 마무리를 짓지 못하는 이유가 여기에 있음을 알아야 한다.

소위 잘 나가는 집안을 살펴보면 예외 없이 양쪽 조상의 영혼 즉 부모님의 영혼과 선대 조상들의 영혼이 아주 좋은 곳으로 가셨기에 자손에게 미치는 영향이 아주 잘 되어있다. 결혼 전과 결혼 후, 임신부터 태교에 미치는 영향이 아주 잘 되어 있다 보니 자식의 미래 또한 아주 밝을 수밖에 없다.

크게 성공한 집안의 인물들을 보면 조상들 영혼의 기운이 후손들에게 아주 좋은 기운으로 영향을 미치고 있는 것을 필자의 학문과 비법을 통해 알 수 있다.


그렇다면 나의 조상의 영혼이 존재하느냐 안하느냐가 독자분들의 가장 큰 관심사가 될 수밖에 없다. 한 마디로 결론내면, 당신이 직접 확인할 수 있는 방법이 원효대사의 비법에 의해서만 알 수 있기 때문에 국내외적으로 열광하는 것이다. 국내에서 필자가 그 동안 불교, 기독교, 천주교의 종파를 떠나 각계각층의 종교 지도자 분들의 초청을 받은 자리에서 영혼이 있음을 증명하고 체험하게 해주었을 때, 그에 대한 반응은 한마디로 신기함과 놀라움 그 자체였다. 국내에서건 해외에서건, 이 현상을 접하게 되면 일차적으로 머리가 맑아지고 몸이 가뿐해지고, 아픈 몸이 회복되는 놀라움에 당신의 영혼이 새롭게 깨끗해지는 경험을 하게 될 것이고, 당신과 당신 자녀들의 미래가 확실하게 바뀔 수 있다는 확신이 설 것이다.

이 사람은 성공하고 저 아이는 성공의 길을 확실하게 가는데, 나는 왜 자꾸 브레이크가 걸렸는지를 당신은 확실하게 찾을 수 있을 것이다. 성공과 실패는 정말 마음먹기에 달려있다. 그 길은 지금이라도 찾을 수 있다면 이 얼마나 다행인가.

나와 자녀들이 성공할 수밖에 없는 이 신비한 체험을 지금부터 필자와 함께 떠나보도록 하자.

당신과 당신 자녀들도 훌륭한 자녀로 성장 할 수 있다. 지금의 그 믿음이 바로 당신을 변화시키는 훌륭한 메시지가 될 것이다. 나의 집안에 큰 인물이 나게 됨을 감사하게 생각할 날이 멀지 않았음을 바로 느끼게 될 것이다.

# 명품 자녀 만들기

어려움 뒤에는 반드시 즐거움이 있는 법이고,
즐거움 뒤에는 어려움이 찾아오는 법이다.
미리미리 대처하는 자만이 위기와 난관에 봉착했을 때
슬기롭게 대처할 수 있는 지혜가 생기는 법이다.

제 **2** 부

원효대사의 비법

홀륭한 자녀 만들기는
원효대사 때부터 사대부 집안으로
전해 내려오는 비법이다

원효대사 비법의 마지막 수제자

원효대사의 1급 비결서 중

# 1
## 훌륭한 자녀 만들기는
## 원효대사 때부터
## 사대부 집안으로
## 전해 내려오는 비법이다

**원효사상은 다산사상과** 더불어 국내외에서 가장 많은 연구 서적을 통해 일본 및 중국 등 세계 여러 나라에서 이미 하나의 학문으로 커다랗게 자리매김을 하였고, 우리 국민이 역사적으로 자부심을 가질만한 귀중한 유산이다.

800년 전, 일연 스님의 삼국유사 집필 때부터 원효대사의 신비한 업적과 학문적 사상에 관한 내용이 많은 부분 할애되어 있는 것을 보면 원효사상에 대한 한 민족의 깊은 사상의 뿌리를 엿볼 수 있다.

이렇게 전해 내려오는 학문적 근거는 글을 직접 다룰 수 있는 사대부 집안의 선비들이나 도력 높은 스님 집단이 아니라면 불가능했을 것이다. 이렇게 원효대사 때부터 전수되어 내려온 훌륭한 자녀 만들기 비법의 사상적 학문의 집대성은 원효대사가 의상대사와 함께 당나라로 유학을 가는 도중 해골물을 마시고 해탈의 경지를 깨달으며 느낀 '일체유심조(一切唯心造) 즉 자기 마음 말고는 진리로 통하는 길이 없다.' 하며 다시 신라로 돌아와 신라의 왕인 김춘추와 김유신 장군을 도와 신라 민중들의 정신적 기반을 세우는데 결정적 기여를 하게 되었으며, 당시의 귀족 청소년들의 수양·수련단체이며, 국가의 충성과 학식과 사회의 선도를 이념으로 무장한 화랑을 국가 지도자로 양성하였다.

또한 명산순례를 통해 어린 화랑들이 세속오계 중심으로 한 교육에 전념하도록 이끌었다. 이러한 화랑의 양성은 작은 국가인 신라가 삼국을 통일하는데 결정적인 영향을 제공하였고, 통일 이후 통일 신라의 중흥과 번영을 이루게 하였다.

특히 요석공주와의 사이에 태어난 아들 설총에게 이두와 함께 비법이 전수되었고, 그 후에는 국가의 보호를 받으며 지금까지 선가에서만 비밀리에 제자와 제자를 통해 전해져 내려왔다. 그렇게 1,000년이 넘도록 왕실과 세도가 집안으로 전수되어 내려오던 원효대사의 비법이 어느 날 갑자기 사라져버렸다. 그 행방을 알 수 없던 것이 불과 100년 전의 일이다. 그러나 그 이후 한일합방이 되면서 산 속으로 사라진 선비 집안과 연관되어 스승님이신 청송선사로 전해져오다 마지막에 제자인 필자에게 계승되어 그 비법이 마침내 공개되기에 이르렀다.

필자는 그간 산 속에 숨어 그 행방을 알 수 없었던 국보적 보물인 이 원효대사의 비법을 이제 세상에 내놓고 세상 사람들에게 더 많은 혜택과 복을 주려고 한다.

불교를 적극 장려하던 고려시대를 무너뜨리고 조선을 개국한 태조 이성계가 무학대사에게 남해에 있는 보리암에 본인이 왕이 되게 해달라며 조상들의 발복 기도를 부탁하였고, 결국엔 태조 왕건이 세운 고려시대 400년을 마감하고 새로운 왕조를 개국하여 조선의 태조가 되었다. 덕분에 조선 초기까지만 하여도 국사를 배출하며 승승장구하던 불교가 새롭게 받아들인 유교의 중흥으로 배척당하고 급기야는 조선시대 중기부터 사대문 도성 안에서는 숭유억불 정책으로 절을 짓지 못하는 극단의 조치가 취해지게 된다. 이런 배경에 따라 절이 산에서 산으로 옮기게 된다. 그렇게 고려와 조선시대를 거쳐 절과 스님의 인맥으로 전수 내려오던 비기의 마지막 수제자가 지리산에서 은거하셨는데, 그 분이 바로 필자의 스승님이신 청송선사이다.

5,000년 역사를 가진 대한민국에서 1,000년 이상 된 터를 보존하고 인맥 네트워크를 통해 정신과 사상 및 비법이 이어져오는 예는 단언컨대 절과 스님 조직 밖에 없다고 자부한다. 필자는 청송선사님을 스승님으로 모시고 수없이 많은 혹독한 수련과 수양을 통해 스승님의 유일한 직계 제자가 되어, 그 동안 은밀히 전수되어 내려온 원효대사의 신비한 비법을 전수받게 되었다. 그 후 스승님의 유지와 실천을 위해 대한불교 원효종 총무원장님이신 무진 스님의 상좌로 지금까지 총무원장님을 모시다가 현재는 세상에 나와 출사를 하게 되었다.

현재 타계하신 스승님께 배운 여러 학문과 비법 중에 유체이탈과 영혼철학에 대해 전수 받게 되었고, 그 과정에서 우리나라의 사대부 집안으로부터 내려오는 비법을 알게 되어, 그 후손들이 지금까지 국내외에서 성공할 수밖에 없는 특별한 이유를 알게 되었다. 이렇게 조사하는 과정을 통해 원효대사의 사상과 비법이 선조들에 의해서 어떻게 일본으로 건너가게 되었는지도 함께 알게 되었고, 스승님과의 인연으로 현재 일본에서 많은 활동과 학문적 교류를 함께 하게 된 계기가 되었다.

특히 경상도, 전라도, 충청도 등 전국에 산재해 있는 종가 댁을 수도 없이 직접 방문하여 스님에게 전수 받아온 비법과 학문을 확인하는 절차를 가졌으며, 일부 종가 댁에서 실험을 통해 증명하기에 이르렀다. 이렇게 발품하는 과정에서 사대부 집안이 수백 년간 변하지 않고 현재까지도 지키고 있는 것을 관심 있게 볼 수 있었고, 여러 개 정도를 압축할 수 있었는데, 서로 인연이 닿아서 이 글을 읽는 독자 제위 분께서도 명문가를 이루고자 한다면 한번쯤 눈여겨볼 필요가 있을 것이다.

그중 두 가지 정도만 소개한다면 '접빈객(接賓客)과 봉제사(奉祭祀) 즉 손님을 진심으로 접대하고 조상님 제사를 지극정성으로 모시는 일'이라고 말할 수 있다.

접빈객은 예부터 내려오는 우리 선조들의 정서이지만, 봉제사는 조금 다른 의미가 있다. 이는 지난 수백 년간 후손들을 통해 선조 조상에 대한 제사를 지극 정성을 다해 지내오고 있다는 것이다. 수백 년 동안을 한 번도 빠지지 않고 조상님께 제사를 지냈다는 것이 어찌 보통 일이겠는가. 또한 후손들에게 도움이 안 된다면 무엇 때문에 수백 년간을 지극 정성으로 모시며 때로는 고통과 어려움을 감수 해가면서까지 제사를 지내는 것일까.

현대를 살아가는 당신은 사대부 집안의 종택들이 봉제사를 통해 가문을 유지하고 번창시키며 유대를 강화했다면 언뜻 이해가 안 갈 것이다. 그러나 이것은 사실이다.

현재 대한민국에는 종택의 숫자만 공식 집계된 것 만해도 약 2,000개에 이르며 어느 종택이든 예외 없이 부모님과 선대 조상에게 후손의 결혼과 임신에 대해 조상님에게 음덕을 빌고 그 음덕으로 현재 그 후손들이 국내외 곳곳에서 대단한 활약을 하고 있는 것은 결코 우연한 것이 아니다.

그렇다면 이 제사에는 어떤 비밀이 있는 것일까.

수백 년간 가문을 유지 계승해 오면서 필살의 비법이 없었다면 오히려 이상할 수밖에 없다. 그런데 일반인들은 우리 집안도 조상님에 대한 제사를 안 지내는 것도 아닌데 어디에서 어떤 차이가 있다는 것일까 하는 의문을 갖게 된다. 세계적으로도 왕족이 아닌 신하로서 수백 년간 가문을 집단으로 지켜온 선례는 그 어느 민족에게도 쉽지 않은 특이한 사례이기 때문이다.

우리 옛 조상들은 선대조상에 대한 제사를 지낼 때 바로 윗대인 부모님이 돌아가시면 부모님의 영혼이 극락세계로 가셨는지 아니면 억울해서 구천을 떠도는 영혼으로 남았는지를 집안 장손들만이 대대로 내려오는 비법으로 확인을 하고 있었기 때문이다.

바로 이 부분이 필자가 앞으로 중점적으로 다룰 내용 중 하나이기에 잠깐 언급하고자 한다. 대한민국에서 한 자락 하는 집안 치고 풍수지리와 선산에 관해 나 몰라라 하는 집안은 아마 거의 없을 것이다. 특히 묘지 이장은 부모님 묘지나 조상님 묘지가 풍수지리 적으로 잘못 되었다고 하면 듣는 후손 입장에서 겸연한 생각이 있어 말하기가 어렵고 결국엔 당대에 혜택을 받기 위해 부모님 묘지를 이전하는 것이 큰 인물들의 대세 아닌 대세다.

그 대표적인 인물로 김대중 전 대통령과 이회창 전 총재를 한번 보도록 하자. 한 분은 대통령으로 당선되었고, 한 분은 낙선하였다. 만약 묘지 이전으로 덕을 본다면 두 분 모두 덕을 보아야 하는데, 결과는 한 분만 원하는 덕을 본 것이다. 이는 조심스럽게 단언하건데 한마디로 엉터리다.

필자가 단언하건대, 조상의 묘지 이전으로 집안의 흥망성쇠가 결정된다는 것은 다 잘못된 것이다. 그간 필자는 국내 재벌가 집안의 선산과 묘 자리 이전 등에 많은 초청을 받아가 보았지만 자리만 이동이 되었지 조상의 영혼이 제대로 갔다고 볼 수 없었다.

조상님의 묘 자리 이전으로 많은 비용을 들일 필요가 없다. 이장을 하지 않고도 부모님 및 선대 조상님들에게 효도를 할 수 있고, 국립묘지가 되었던 공동묘지가 되었던 납골당이 되었건 간에 부모님 영혼의 안부를 알 수 있고 또한 좋은 기운으로 바꿀 수 있다. 심지어 당신이 있는 곳이 지금 병원 영안실이라면 필자가 이 책에서 하라는 대로 곧바로 실험을 해보아도 영혼이 제대로 갔는지 구천을 떠도는 영혼이 되었는지를 바로 알 수 있다. 이렇게 묘 자리 이전이라는 것은 단지 풍수 좋은 명당으로 시신만 옮겨오는 것이고 제일 중요한 혼백이 이전되어 잘 되었다고 믿으면 큰 오산이다.

영혼이 존재한다는 것은 100% 맞는 말이다. 즉 묘 자리를 옮긴다고 다 흥망성쇠의 영향을 받는 것이 아니다. 선가에서부터 전해오던 영혼의 발복이 동반되어야만 진정으로 조상님들의 도움이 나뿐만 아니라 부인, 자녀들까지 선대 조상님들의 영혼 발복으로 인해 좋은 기를 받게 된다. 즉 당사자는 물론 자식의 결혼, 임신, 태교와 출산 성공한 사회인으로서의 성장까지 영혼 발복의 순환된 기운을 받을 수 있을 것이다.

바로 이 기운이 내 아이들의 꿈으로 발전하여 훌륭한 대통령이 되고 국회의장과 대법원장이 되고 행정의 고위직인 장관이 되며, 세계적인 과학자, 성악가, 지휘자, 세계적인 스포츠 스타가 되고 국가를 이끌어 갈 지도자뿐 아니라 세계적인 기업인으로도 성공하고 특히 집안의 유전으로 불안에 떠는 암과 불치병에서 자유로워질 수가 있다.

필자가 이렇게 강력히 항변하는 데에는 이유가 있기 때문이다. 흔히들 큰 인물들을 책에 적고 비교하는 것은 자신의 말이 진실이니 무조건 믿으시오 하는 오만이 깔려 있기 때문이다.

필자가 거듭 밝히지만 조상들을 들먹이는 모든 것은 거의 가 잘못된 것이고 엉터리 투성이다. 이렇게 잘못된 것을 필자가 주머니 속 뒤집듯이 속 시원하게 보여 주려 하는 것은 속지 말라는 뜻도 담겨있다. 당신이 오늘 이 책을 보고 있다면, 오늘 당장 당신 부모님의 영혼이 당신과 자손들에게 어떤 영향을 끼치는지 직접 알 수 있다. 필자가 강조하고자하는 이 부분이 원효대사 때부터 사대부 집안으로 전해 내려오는 비법임을 거듭 강조한다.

필자가 독자 제위 분들을 위해 이렇게 특별히 알리려 하는 궁극의 목적은 억울하게 일본에 나라를 빼앗기고 조국의 독립을 위해 초개와 같이 목숨을 던진 독립 운동가들의 유지를 깊이 받들어서 다음 대에는 물론 앞으로도 힘 있는 국민이 되어 세계를 호령하는 우리 후손이 되기를 바라는 마음에서이다.

이는 어찌 필자만의 뜻이겠는가. 커다란 믿음을 가슴에 품으면 언젠가는 이루고자 하는 꿈은 이뤄지는 법이라 했다. 옛 우리 선조들의 영화를 우리의 후손들이 되찾기를 간절히 바라며 봉제사를 통해 우리 조상들이 후손들에게 발복의 기운이 순화되어 훌륭한 자녀들이 나오기를 간절히 바란다.

**2**

# 원효대사 비법의
# 마지막 수제자

　수천 년간 대한민국의 정신세계를 지켜오는 삼교
는 유·불·선이다.

　이 유·불·선 삼교 가운데 몇 백년간 사대부 집안을 유지시
키고 조선시대의 근간을 이루었던 것이 유교이며, 집안의 장
자 손으로 그 명맥을 유지해 오고 있다.

　불가는 출가해서 자식을 낳지 않지만 대신 수많은 제자를
길러서 법맥과 법통을 이어오며, 1,000년이 넘는 절터와 승
가와 승려라는 엘리트집단의 조직을 기반으로 오늘날까지 전
승 되어오고 있다. 선교는 우리 고유의 전통사상으로 단군 때
부터 지금까지 때로는 양지로 타올랐다가 때로는 음지로 조

용히 전해져 내려오고 있다는 것이 정설이다.

특히 선교는 선도의 수련법으로 호흡에 의해 모든 수양의 비밀이 숨겨져 있다고 믿고 있다. 독자 분들이 익히 알고 있는 단(丹)에 관련된 사상이 선교다. 불교와 유교가 주류였다면 선교는 비주류라고 생각하면 틀린 말은 아닐 것이다.

스승님이신 청송선사는 대대로 제주도가 고향이시다. 그간 스승님으로부터 원효대사의 비급이 수백 년간 전수 되어온 과정을 몇 차례 흥미롭게 들었다.

제주가 고향인 특별한 이유에는 추사 김정희와 연관이 되면서 제주도에 정착하게 되었다고 한다. 추사당대의 문필가이자 사상가인 추사 김정희가 누구인가, 집안으로 보면 할머니는 영조대왕의 딸이고 계급사회가 뚜렷했던 사회에서 선비 중의 선비로 대접받던 선비가문이 아니던가. 그런 집안의 분위기에서 태어나 자연스럽게 왕실교육의 영향과 사대부 집안의 전통교육을 받으며 성장하였고, 당시대 기인 문사들과 깊은 관계를 맺어온 중심인물이다. 특히 조선 중기 이후의 불교탄압에도 불구하고 종택에서 관리하는 절을 곁에 두고 불가의 세계에 섭취한 점은 조선시대 차의 원조로 불리는 초의선사와의 교류과정에서도 잘 드러나 있다.

즉 당대의 최고 사대부 집안에서 태어나 교육을 받으며 유·불·선을 함께 교류하고 심취할 수 있었던 중심에 서 계신 분이 추사 김정희였던 것이다. 이중 선교의 법맥을 일일이 열거 하자면 한없이 길어진다.

이해를 돕기 위해 간략히 요약해 보면 조선시대에 명망이 자자했던 인물들로 이뤄졌음을 알 수 있다. 서경덕, 박지화, 임백호, 남인의 영수였던 허미수, 또한 도교의 모든 사상을 집대성한 「용호비결」의 저자 북창 정렴, 허준의 동의보감 집필당시 총 책임자였던 고옥 정작, 예언 비결서를 집필한 남사고, 홍길동전의 허균, 선조 때의 정철, 고경명, 「해동이적」을 쓴 효종 때의 인물 홍만종, 토정비결의 저자 토정 이지함, 천율 장군의 후손인 봉우 권태훈 등이 있다.

봉우 권태훈 선생(1900~1933)은 80년대 중반 출간된 유명한 소설 「단(丹)」의 실제 인물로도 유명하신 분이시고 그분의 제자들이 현재 계룡산에서 수행 중에 있다고 들었다. 이렇게 인물과 인물로 서로 얽히고설킨 인맥을 통해 수백 년간을 내려온 사상이 유·불·선인 것이다. 이렇게 조선의 중요한 길목을 들여다 볼 수 있는 위치에 추사와 연관이 안 된 것이 없을 정도이며 왕실과 사대부 그리고 유·불·선 등 예부터 내려오던 비결서가 스승의 스승으로 또 스승의 스승으로부터 전수되어 오다가 인적교류가 활발했던 추사가 제주도로 유배되면서 함께 정착하게 되었다는 것도 흥미롭게 들었다.

그렇다면 제주도의 근세사는 어땠을까.

토속신앙이 짙게 배어 있고 근세사에서 제주처럼 억울하게 많은 사람이 죽은 곳도 없다. 반공과 민주의 대립에서 섬 전체가 환란에 휩싸였던 곳 아닌가. 스승님이신 청송선사도 법통을 마지막까지 비결서를 전수 받는 과정은 말 그대로 드라마이다.

제자 또한 받을 그릇이 안 되면 받을 수 없는 것이 법문의 세계인지라 원효대사의 아들 설총이 비법을 전수하면서 법맥이 끊어지지 않고 계통을 이어온 것이다. 그리하여 스승님이신 청송선사는 아버님으로부터 비결을 전수 받은 원효대사의 마지막 수제자가 되었고 스승님의 수제자인 필자가 마지막 제자가 된 데에는 스승님의 특이한 집안 경력도 한 몫 하였다. 스승님의 할아버지 형제와 부모님 형제자매 모두가 독립군으로 활동하며 일제 강점기에 임시정부에서 활동하였고 조국독립을 위해 활약하던 중 결국 일본인들에 의해 스승님만 남고 모두 돌아가시는 비운을 겪은 분이시다.

그 후 스승님은 6·25 때 마지막으로 남은 혈육인 조카마저 전란 중에 사망함으로써 집안 전체가 일제와 6·25 전란으로 인해 혈통이 사라지는 불운한 가족사의 주인공이시다. 근대 한국사에서 일어나는 비극의 한 단면이 아닐 수 없다. 스승님과의 수련은 수련인들에게도 결코 쉬운 일이 아니었다.

스승님과 함께 수련하던 지리산은 수많은 영혼이 억울한 죽음으로 구천을 떠도는 곳으로 유명한 곳이다. 그곳에서 죽음을 넘나들 정도로 힘들게 학문을 배운 것 중 특히 유체이탈과 영혼접촉은 마지막 비급의 초결정 판이다.

스승님의 비급은 고 박정희대통령 때에도 여러 번 사람이 찾아왔을 정도로 대한민국의 중요한 인물들은 그 신비한 효험에 대해 익히 혜택을 받았기에 이 분야에서는 너무도 유명하게 알려지신 분이다.

스승님이 특별히 유훈을 남기시고 돌아가시면서 천거한 분이 대한불교 원효종의 총무원장님이신 무진 스님이신데 총무원장님 또한 제주도가 고향이신 분이다. 그 후 스승님의 뜻대로 무진 스님의 상좌로 입적되어 불가에 몸을 담고 수행 중 몇 차례 불미스러운 마찰로 인해 지금은 총무원장님을 떠나 이렇게 속세로 나와 출사의 길을 걷고 있다.

한편 총무원장님 밑의 사무국장님은 불교계에서는 굉장히 유명하신 분이시다. 원효종이 여타 조직처럼 수많은 스님들이 각자 맡은바 일들을 열심히 하고 있는 수행 처이자 도량인데, 이 원효종 총무원장님을 도와 서울을 비롯해 전국에 수많은 사찰을 총괄, 운영하시는 분이시다. 한 분의 경지가 불경의 미스터리적인 내용을 시대에 맞게 파자할 수 있는 우리나라에서 몇 안 되시는 천재 분이시며, 한·중·일 불교문화 교류가 있을 때에는 사회를 도맡아 보시기도 하고, 한국 불교계에서도 커다란 족적을 남기신 도력이 출중한 분이시다.

그런데 문제가 된 것은 어느 날 필자가 신입 중으로서 총무원장님을 모시던 차에 그만 하지 말았어야 할 천기누설을 겁도 없이 입으로 뱉어버렸다. 사무국장님에게는 몇 대째 독자로 내려오는 외아들로 교직에 재직하시면서 성실하고 건강한 아들이 계셨다.

"바로 그 아들 분이 2개월 후에는 틀림없이 객사하여 돌아가시게 되니 신경을 바짝 쓰시고 대처하면 위기를 넘기고 건강하게 장수하여 살 수 있습니다."

하고 사무국장님과 총무원장님께 말해버렸다.

필자 딴에는 천기누설이라고 해도 도와드려야겠다는 생각뿐이었고 하나뿐인 귀한 아들이기에 말해 주었을 뿐인데, 그 후로 사무국장님께서는 너무 황당하고 화가 나셨는지 호되게 호통을 쳤고, 그 후로는 완전히 외톨이에 찬밥신세가 되어서 함께 수행하는 도반들에게도 미친놈 소리를 듣게 되면서 주변에 있는 모든 분들에게 따돌림 취급을 당해야 했다.

그렇게 안타까운 시간이 흘렀고 내가 예언한 2개월을 3일 남겨놓고 전날 집에 들어와 잘 자던 아들이 필자의 예언대로 아침에 죽어버렸다. 온 집안은 난리가 났고, 그 후 전국에서 스님들이 올라오시면서 필자에 대한 소문이 꼬리에 꼬리를 물고 번져 나갔다.

그러는 사이 많은 분들이 자신들의 미래에 대해 예언해 달라는 부탁이 계속 되었는데, 또 그것이 문제가 되었다. 지리산에서 속세로 내려와 세상 물정을 몰라도 한참 모르던 때라 눈에 보이는 대로 영감이 떠오르는 대로 얼굴만 보고도 때로는 사진만 보고도 미래에 대한 예언을 해주었다.

그렇게 수많은 사연이 있었지만 총무원장님을 함께 모시던 도반인 도관 스님과 있었던 일화에 대해 설명 안 할 수가 없다.

그 날도 여느 때와 똑같이 생활하던 중, 멀쩡한 도반인 사형을 3개월 뒤에는 중풍에 걸리고 뒤이어서 하반신이 불구가 될 것이다, 그러나 필자가 하라는 대로 미리 준비하면 괜찮을 테니 그 대처 비법을 알려 주겠다고 하자, 불같이 화를 내며 어쩌다 몇 번 맞추다 보니 간이 배 밖으로 나오지 않고서야 어떻게 이렇게 건강한 나에게 근거 없이 미친 소리를 하냐면서 노했고, 보는 사람마다 미친 땡중이니 상대하지 말라고 소문을 내고 심지어는 총무원장님께 당장 쫓아내야 한다며 필자를 너무도 곤경에 빠뜨려 버렸다. 이 사건은 급기야 필자에게 비난의 화살이 쏟아졌고 결국 총무원장님께 야단을 엄청 맞으면서 일단락되었다.

필자는 총무원장님의 간곡한 만류를 뿌리치고 "사람은 사람의 말을 통해 진리를 공부하는 법인데 사람의 말을 사람이 믿지 않는다면 그럼 무엇을 믿어야 한다는 것입니까?" 하고 따지듯 말하고 절을 나와 버렸다.

즐거워할 일로 인하여 뜨겁게 달아오르는 환호를 차갑게 가라앉히고, 미소마저도 인색하게 짓고, 시치미를 떼고 모른 체 하는 표정으로 세상을 대하는 오만스러운 존재가 부처님 이라면 나는 그러한 부처가 되지 말자고 수없이 다짐하였다.

부처는 중생 속에서 환호할 수도 있고 슬퍼할 수도 있는 어머니여야 하고, 아파하는 중생을 모시는 시종이어야 하고, 그들을 치유하는 의원이 되어야 한다고 생각했다.

필자가 절을 뛰쳐나온 몇 개월 뒤에 총무원장님이 급히 찾는다기에 찾아갔더니, 도관 스님이 3개월 되던 때에 입원해 있는데 병원에서는 더 이상 치료가 불가능하다고 하고 입원 비용이 도저히 감당이 안 되니 퇴원시켜야 한다고 하소연하였다.

총무원장님의 의도를 모르는 바가 아니지만 측은한 생각이 들면서도 왠지 괘씸한 생각이 들었다. 그러나 도관 스님의 진실된 사과 한 마디로 모든 응어리들이 풀어졌고, 도관 스님을 퇴원시키고 비법도 알려주어 총무원장님과 많은 지인들 앞에서 장담한대로 20일이 되었을 때 언덕길을 거침없이 뛰어다니고 활기차고 건강한 모습으로 회복되었다.

그래서 모든 스님들이 기적 같은 일이 자신들 앞에서 벌어 졌다며 놀라기도 하고 모두 함께 기뻐해 주었다. 덕분에 소원 했던 분들이 허심탄회하게 진정으로 필자를 원효대사의 마지 막 수제자로 인정해 주는 계기가 되었고 특별한 학문임을 알 게 되었다. 그러나 필자가 생각하는 원칙에는 변함이 없다. 돌아가신 스승님의 유훈대로 국가를 위해 자신의 목숨을 초 개와 같이 던진 독립군과 광복군 등의 영혼을 구천에서 떠돌 지 않게 하고, 원효대사의 비급을 통해서 억울하게 산화한 영 혼을 극락세계로 인도하고 위로하고자 이렇게 출사하게 되었 음을 한시도 잊어 본적이 없다.

그러나 공덕을 쌓은 일이 무엇보다 먼저가 되어 버렸다. 동작동 국립묘지, 대전, 부산, 광주 망월동 묘역과 경남마산 3·15묘지, 수유동 4·19묘지, 영천과 임실에 있는 호국원과 일본, 중국, 필리핀, 만주, 괌, 하얼빈을 돌며 시행하는 비용 이 천문학적으로 들어갔다. 마음만 앞서고 국가차원에서 진 행해야 될 것이라고 생각되었다.

이렇게 단정 짓고 호소하다 보니 나의 비결을 보여줘야 믿 을 수 있지 않겠냐며 한번만이라도 직접적인 경험을 체험하 고자 했다 이렇게 시작된 예언이 자연스럽게 정치인들의 선 거 당락에 대한 예언을 해주게 되었고, 몇 %가 투표할 것이고 투표한 사람 중 여성 %, 남성 %가 당신에게 투표할 것이라는 기상천외한 예언을 하게 되었던 것이다. 그러나 당선되고 나면 손으로 우물딱쭈물딱 할 성질의 것이 아니라는 것을 아는 데에는 그리 오랜 시간이 걸리지 않았다. 우리 국민이 약 5,000만 명이다.

청와대에서 기도한다고 말이 나오는 세상이고 음양의 조화를 이루지 못해 한시도 바람 잘날 없는 자리들이 아닌가. 배신당한 것에 화가 났지만 이해가 안 가는 것 또한 아니었다. 포기란 **빠를수록** 좋을 때도 있다.

그러던 어느 날, 합법적으로 후원을 받을 수 있는 증권과 주식을 알게 되었다. 미래예측은 오직 신만이 안다는 주식세계에서 주식의 주자도 모르는 어느 도인이 영혼철학을 앞세워서 국내 굴지의 증권사와 승부를 벌여 승리하는가 하면, 예측한 종목마다 기상천외한 종목으로 100%씩 대박을 터뜨리며 수백억 씩 진행하다 보니 왜 소리가 안 났겠는가. 오히려 소리가 안 나면 이상할 판이었다. 결국에는 사람부터 살자하며 매달리는 사람, 어마어마한 회사공금을 보여주며 몇 번만 관리해 주면 후원금은 책임지고 절반을 내겠다는 사람, 넘어간 회사 집, 건물, 공장 심지어는 대학등록금까지 들고 온 학부모까지 사연 없는 이가 없을 정도였다. 필자는 그런 사람이 아니고 그럴 생각도 없다며 피해 다니다가 결국엔 사고가 터

져버렸다.

주식을 함께 하자며 필자가 납치당하는 소동까지 벌어지고 나서야 마무리가 되었으니, 결국 색즉시공(色卽是空) 공즉시색(空卽是色)이 되어 허공에다 웃고 넘기자니 쓴웃음만 나온다.

그 후 국내에서 열심히 포교활동을 하던 중 일본 문부성의 초청으로 특별강연을 하게 되었고, 그 인연과 저 인연으로 일본에서 포교원을 설립하여 재일 한국인들의 위령제를 주관하여 재일 교포들의 후원을 받고 있으며 억울하게 지진 및 천재지변으로 돌아가신 영혼들을 달래주고 있다.

필자가 일본에서 활동하는 이유는 여러 가지 이유가 있겠지만, 그중 한 가지는 국내에서는 필자에게 대하는 것이 무슨 용한 점쟁이 취급하는 분위기가 싫기 때문이다. 그러나 필자가 일본, 대만, 홍콩, 중국, 싱가포르, 필리핀, 캐나다, 미국 등 여러 나라에서 초청 받아 방문하면 대부분 고위층 또는 상류층 인사들의 기품 있는 환영을 진심으로 느끼게 되고 부담이 될 정도로 대접받는 것이 싫지만은 않았다. 자신을 믿어주고 극진한 대접을 베푸는데 싫어할 사람이 어디 있겠는가.

하지만 내 몸에 흐르는 피가 어떤 피 인가. 대한민국이라는 조국이 있으며 필자를 이렇게 국제적으로 성장시킨 스승님의 나라 아닌가. 지금도 그렇지만 앞으로도 기회가 나면 국내외

할 것 없이 필자를 필요로 하는 곳이 억울하게 조국을 위해 돌아가신 독립군의 영혼을 위로하는 자리라면 지구촌 어느 곳이든지 달려갈 것이며 또한 국립묘지에 안장되어있는 국가유공자를 위해, 조국과 민족을 위해 살다간 고인들을 위해 나머지 남은 인생을 아낌없이 바칠 것이다.

이것이야말로 스승님이 못다한 과제를 완수해 가는 과정이며 하늘에 계신 스승님이 기뻐하리라 믿기 때문이다. 그러기 위해서는 아무리 많은 비용이 들어가더라도 평생의 공덕이라 생각하고 제자들과 함께 인연이 닿는 데까지 최선을 다할 것이다. 지금도 많은 제위 분들이 동참하여 후원금을 지원하듯이 더 많은 독자들의 후원도 부탁하고 싶은 것이 솔직한 심정이다. 필자가 흐트러지지 않고 열심히 정진하는 길만이 1,300년간을 지키고 전수시켜 내려온 스승님의 유훈을 제자로서 당연히 받드는 것이라고 생각하기 때문이다.

결국 훌륭한 자녀들을 만들고 탄생시키는 것이 한 가정의 행복만을 위한 것이 아니라, 21세기의 세계의 중심이 되는 대한민국을 이끌고 나갈 인재를 만들고 천·지·인의 세상을 만들고자 했던 선조들의, 이상향을 만들어 보자는 원대한 뜻이 담겨있다.


우리나라는 작지만 강하고 세계에서 둘째가라면 서러울 정도로 머리가 똑똑하고 지구상에서 몇 안 되는 효를 국가의 근본 바탕으로 둔 이상향의 국가이기도 하다. 급격한 경제성장으로 가치관의 혼동이 있다지만 우리 스스로 비관만 할 일은 아니다. 우리가 어떤 민족인가. 5,000년간을 중국의 거대한 땅이 280개 이상의 수많은 부족국가를 모두 합병하여 중국 안으로 흡수시켰지만 그럴 때마다 본때를 보여주며 국가를 지킨 유일한 민족이다.

21세기 밀레니엄을 맞이한 지금도 세계 최고라는 인천공항에서 세계 10대 경제대국에 이르기까지 우리가 젊은 시절 꿈조차 꾸지 못한 엄청난 나라를 우리는 만들어낸 저력의 민족이다. 모든 것이 변하고 모든 것이 업그레이드 된 오늘의 대한민국 이제 곧 선진국에 진입하여 빛나는 나라가 되게 하려면 세계 곳곳을 누빌 수 있는 훌륭한 인재를 만들고 나라 안 구석구석을 보듬을 수 있는 여유 있는 국민이 돼야 한다.

그러기 위해선 우리의 훌륭한 인적자원을 세계적 수준으로 끌어올리고 훌륭한 자녀를 만드는 것이야 말로 국가지대계 사명임을 알고 예부터 지키고 내려온 소중한 것들이 사라지지 않게 굳건히 지킬 줄 알아야 한다. 무릇 모든 생명은 이름 따라 제값을 한다고 했다.

즉, 이름 따라 사람이 난다는 말이니, 필자가 1,300년 전 원효대사의 마지막 수제자로서 대한민국의 이름을 걸고 국내외에서 억울하게 돌아가신 독립군과 국가유공자 등 이 땅 구석구석과 해외에 산재해 있는 망자들의 한을 풀어주고 국가를 위한 발복 기도로 도움을 확실히 준다면 필자의 이름값만큼 사람들에게 도움을 주는 것이라고 확신한다.

필자가 앞으로 공개하게 될 사대부 집안으로부터 내려오는 비법 공개야말로 많은 분들에게 자녀들을 위해 확실하게 도움을 주는 것이라고 믿기 때문이다.

# 3
원효대사의
1급 비결서 중에서
'기적의 세계를 직접 보여줘라'

천 삼백여 년간 지속 되어온 원효대사의 1급 비결서 중 하나인 기신론소(起信論疏)에서 내용은 이렇게 귀결된다.

依言眞如 (의언진여)

離言眞如 (이언진여)

언어에 의지하여 진리를 표현하고,

언어를 떠남으로서 진리를 표현한다.

즉 "모든 중생은 말로서 순간을 감복시킬 수 있으나 결국에 는 눈과 몸으로 직접 느낄 수 있는 기적의 세계를 보여줘야 절대적 믿음을 갖게 될 것이니, 필요하다면 기적의 세계를 직접 보여줘야 한다."

　글이라는 것은 저마다 독특한 향기가 있어서 필자가 전달하고자하는 내용을 다수의 대중들에게 전하기 위해 쓴 것이냐 아니면 특별한 사람들에게 읽히도록 함으로써 책의 향기대로 소수의 분들을 위해 핵심적인 내용을 전달할 것이냐도 필자의 커다란 고민 중의 하나였다. 그래서 필자의 글 솜씨가 워낙 투박한 것도 있지만, 이 책이 소설책도 아니고 경제학을 가르치는 책도 아니며, 몸의 병을 낫게 해주는 의학서는 더욱 아니기에 각 가정의 자녀들이 어떻게 해야 훌륭한 자녀가 될 수 있는지를 핵심만 전달하고자 심혈을 기울였다.

　필자가 첫 번째 출간한 『내가 운명을 바꾼다』를 세상에 내놓았을 때, 다수 대중에게 그동안 스승님께 전수 받았던 학문의 성과를 세상에 알려야겠다는 미숙함과 순진함으로 인해 원하는 사람의 예언과 기적에 대해 하나하나 세밀하게 묘사한 것까지는 그렇다 쳐도 실명으로 여과 없이 독자에게 전달했다. 그러다 보니 주요 신문사 기자들과 방송국 기자들의 확인 취재 경쟁이 예언과 기적을 원했던 당사자들의 신분 노출로 이어져 많은 곤욕을 치른바 있었다. 그분들 대부분이 이름만 들어도 다 아는 분들이니 기사거리를 찾아 눈에 불을 켜고

안테나를 세우고 있는 기자 분들에게 얼마나 좋은 취재감이 되었는가를 짐작하고도 남음이 있다.

어찌되었든 첫 번째 책의 출간으로 인해 당시 장안에서의 폭발적인 반응은 많은 분들을 당혹스럽게 만들었고 엄청난 후 폭풍을 몰고 왔다. 특히, 예언이란 평범한 일반인들에게는 어떻게 생각해 보면 싱거운 상황이 될 수 있다. 몇 살에 시집, 장가가고 집은 언제 장만하며, 언제쯤 돈 많이 벌어서 성공하는지, 몇 명의 아이를 출산하고, 아이들은 어떤 환경에서 성장하게 될 것인지, 아이의 미래는 어떻게 전개되는지 말해주면 정작 본인은 대한민국 사람들 누구나가 다 살아가면서 부딪치고 걷는 길이기에 앞으로 생길 아이들의 미래를 대수롭지 않게 생각하는 것 같다. 이렇게 안일하게 생각하다가 일이 터져야만 허둥지둥 한다.

그러나 권력을 행사하고 있거나 커다란 부를 축적한 부자들은 확실히 다르다. 어떻게 노력해서 지금의 위치까지 왔는지를 스스로 잘 알고 있기 때문에 재난과 위기에 대해서 항상 준비하고 있다. 준비한 자만이 위기에 봉착되었을 때 헤쳐나갈 수 있다고 굳건히 믿기 때문이다. 특히 늘 변화와 기복이 심하여 롤러코스트처럼 격랑이 폭풍처럼 일어나는 그래프를 갖고 있는 그룹들이 있기 마련이다.

이루어졌을 때와 안 이루어졌을 때의 상황은 인생 전체를 놓고 봤을 때 천지차이 만큼이나 충격이 크다. 정치인의 선거 당락 여부, 고시생의 합격과 불합격 여부, 수능생의 점수 올리기와 국내외 명문대 합격하기, 탤런트와 배우들의 운명, 스포츠 스타들의 성공과 이동수, 예술분야에서 활동하는 예술인들의 도전과 결과 여부, 각 부처의 장관급 공무원들의 승진 여부, 찰나의 순간에 운명이 바뀌는 직업군들 등이 그들이다.

특히 일반인들 중에 가장 특이한 그룹은 기업을 운영하는 사업가들의 사업 운이다. 사업하는 오너의 운에 따라 수많은 종업원들의 명암이 달려 있으니 이분들의 운이야말로 항상 최고이길 바랄 뿐이다.

필자는 IMF때부터 지금까지 국내 기업인들의 자문 역할을 힘 닿는 데까지 열심히 하고 있다. 다행인 것은 지금까지 단 한 분도 탈 없이 건재함을 과시하고 있으니 어려운 기업환경 속에서 경쟁력 있는 기업을 키워가는 분들께 아낌없는 찬사를 보낸다. 대한민국을 이만큼 성장시킨 주역들인데 사회나 현 정부에서 영 시원찮게 대접을 하는 것 같아 그저 안타까울 뿐이다.

그리고 누구도 예외 없는 그룹이 고3 수험생들을 둔 학부모들이다. 특히 엄마들은 절대적인 신앙을 통해서 밤낮 없이 정성을 다한 기도를 올리고 자식들이 잘 된다는 보장만 있다면 당신 스스로를 희생하더라도 자식의 결과를 얻기 위해 죽기 살기로 무조건 매달리고 본다. 이렇게 당연한 현실이 눈앞에 닥쳐올 때 온몸에 전율이 일어나는 예언을 해 줄 경우 흡족하면 괜찮다. 하지만 흡족하지 않을 경우에는 불안해하며 어떻게 잘 되게 해달라는 반전의 운명을 애타게 요구하고 소기의 목적이 달성 될 때까지 끝없는 혈투를 벌이는 것을 보면 모성애의 위대함에 그저 경의를 표할 뿐이다.

이렇듯 우리 인간들은 나에게 바로 일어날 현실세계와 나의 운명이 어떻게 전개될 것인가 하는 미래의 운명을 미리 알고 싶어 한다. 필자는 필자와 마주 앉은 사람을 보고 있노라면 그 사람의 운명을 들여다 볼 수 있다.

예를 들어 전 김대중 대통령의 당선과 방북, 노무현 대통령의 당선, 정주영 회장의 자손들의 불운, 정몽준 의원의 중도 포기설, 민주당의 몰락과 또 다른 도전, 대우그룹 김우중 회장의 몰락, 이건희 회장의 암 선고와 자식에 대한 우환, 김운용 IOC위원의 몰락, 고건 서울시장의 당선, 미국 9·11 테러 사건, 쓰나미의 재앙 등 슬픈 일 뿐만 아니라 기쁜 일도 너무 많아서 일일이 열거 할 수 없을 정도이다.

시간이 꽤 흘렀으니 이 자리에서 설명해도 무방할 것 같아 하나만 설명할까 한다. 고건 서울시장이 당선되었을 때 당선

될 것이라는 확실한 언질과 함께 최종 투표율은 몇 %가 될 것이며 상대 후보는 몇% 가 될 것이라고 예언을 하면서 미리 기록을 하자고 비서관과 제자들한테 지시하였다. 투표 당일 날 방송국 출구조사와 나의 예언이 차이가 나긴했지만 결국 최종 집계에서 예언대로 소수점까지 틀리지 않고 필자가 정확히 맞추자 비서관으로부터 만세삼창을 받으며 "선생님은 일 세기에 한번 나올까 말까한 세계적인 예언가이십니다" 하며 놀라는 것도 무리는 아니었다.

왜냐하면 비서관과 제자들이 함께 모여 있던 날, 신문에 난 사진과 이름만 갖고 선거에 출마한 분들을 볼펜으로 당락을 체크하고 점심내기를 하였는데, 며칠 뒤 100% 맞자 얼굴들이 하얗게 질려서 필자에게 소리쳐 한 말이기 때문이다.

필자도 이럴 때마다 실은 소름이 돋을 때가 한 두 번이 아니다. 기왕 기적에 대해 설명했으니 하나만 더 이야기하자.

한번은 3년간 중풍으로 인해 하반신 마비되어 반신불구가 된 분이 있었다. 그분이 원효종의 스님들과 목사님, 신문사 사장, 대학교수, 회사 사장, 의사, 기수련인, 영혼감정사 등 각기 다른 직업을 가진 분들이 호기심을 갖고 지켜보는 가운데 매일매일 호전되어 가고 결국에는 20일 만에 환자가 걷고 뛸 수 있는 기적 같은 과정을 직접 눈으로 보았을 때 당사자는 물론이고 이 과정을 지켜보았던 분들 모두가 놀라워했다.

한마디로 기적은 이렇듯 당신의 주변에 존재한다는 것을 알려주고 싶었다.

위에 서술한 이 모든 내용은 거짓 하나 없는 사실이다. TV에서 보여주던 불가사의한 내용을 당신은 얼마나 믿는지 필자로서는 알 길이 없다. 허나 당신이 모르는 불가사의한 기적으로 인해 수없이 많은 분들이 혜택을 입고 행복하게 살고 있다. 이렇게 평범한 인생이 극적인 반전을 누리고, 죽어가던 육신이 새롭게 푸른 잎처럼 돋아날 때 자신에게 닥친 불행의 현실을 극복할 수 있는 길이 있다는 사실에 당신은 어떤 반응을 보일까? 그것이 궁금하다. 필자는 현재 일본에서 활동하고 있으며, 필리핀, 인도네시아 등 외국에서 살다시피 하고 있다. 국내에서 활동하던 어느 날, 스승님의 지인인 일본의 주지 스님으로부터 초청 받고 일본에서 활동한 것이 계기가 되어 일본에서 원효사상 연구원을 설립하였고, 문부성의 초청으로 특별강연을 한 것이 인연이 되어서 재일 교포 분들과의 교류를 통해 일본으로 강제 징용되어 억울하게 돌아가신 재일 한국인 위령제와 일본 북해도 한국인 강제 징용 희생자들을 위한 영혼 위령제를 추진하였다.

필자가 살아있는 한은 전 세계 어느 곳이든 한국인을 위한 위령제를 계속적으로 할 것이다. 그 길만이 우리들의 후손들이 잘 되는 길임을 필자는 너무도 잘 알기 때문이다. 특히 일본 고배 지진 때 희생된 분들 중 찾지 못한 한국인과 일본인의 시신을 찾아 영혼을 천도해 줌으로써 일본 종단으로부터도 전폭적인 후원도 받고 있다.

2004년 12월에 인도네시아를 휩쓴 태풍, 쓰나미로 인한 재앙으로 20여 만 명이 죽어야 했다. 그들은 죽어야 하는 이유도 모른 채 순식간에 천재지변에 휩쓸려 운명을 달리했다. 필자는 당시 우리나라 여행사와 동남아 국가에 불길한 재앙이 닥칠 것 같으니 여행을 자제하고 현지인들은 급히 피난을 떠났으면 좋겠다며 지인들에게 급하게 연락을 취했다. 그러나 지역적 기후조건상 태풍이나 지진은 평상시에도 발생했었던 일로 그 위협에 대해 어떠한 적극적 대비를 하지 않았다고 한다.

이것은 천재지변이라고 하나 위험 불감증에 따른 엄연한 인재다. 그저 안타깝지만 어쩔 도리가 없는 상황이 필자를 화나게 한다. 다만 필자와 인연이 된 분들 중 골프여행을 취소한 덕분에 큰 재앙을 피할 수 있었다며 감사해 하고 고마워한 분들 때문에 위안 아닌 위안을 삼아야 했다. 지금 생각하면 좀 더 적극적으로 알렸어야 하는데 이것도 운명인가 보다. 그저 아쉬움이 앞선다. 사람들은 모든 불행에 대해서 거창한 타이틀과 기적을 보이지 않더라도 불행의 근원을 개인이든 가족이든 사회든 미리미리 예방하여 조치를 취한다면 그것이야말로 가장 좋은 방법일 것이며, 건강한 가정과 사회가 국가의 원동력이 될 것이다.

결국에는 21세기에 우리 민족이 세계의 중심이 될 것이고, 우리의 염원인 통일된 조국을 우리 아이들에게 물려줌으로써 세계적인 경쟁력을 갖춘 국가를 물려주어야 한다. 국력이 약해 짐으로써 일제 36년의 식민지와 같은 굴욕을 다시는 되풀이해서도 안 된다. 더욱이 150만 명의 죽음과 14만 명이나 되는 세계 젊은이들이 이 땅에서 죽어간 비극적인 6·25 전쟁을 우리 후손들에게 물려주지는 말아야 할 것이 아닌가. 수천년 간 모든 어려움을 극복한 민족이 식민지 시대와 6·25 전쟁 등 근대 100년간의 역사 속에서 수많은 문화재와 절터, 혈육의 죽음과 헤어짐으로 가족의 뿌리가 흔들리고 수천년간 지켜온 정신적 뿌리마저 거의 잃어 버렸다. 이 100년간의 환란으로 인해 후손인 우리가 지금도 얼마나 불행한가.

결국 근본적인 원인을 파헤쳐서 결혼하고 2세의 출산을 앞둔 예비부부와 한창 성장하고 있는 당신의 아이가 어느 날 예고 없이 찾아올 불행과 고통에서 빠져나와 똑똑하고 훌륭한 사회인으로 성공하게 하는 길만이 최선의 방책이라고 필자는 거듭 강조하고 밝힌다.

그렇다면 이러한 제안을 하는 필자는 누구인지, 어느 학문의 비법을 전수 받고 도통 했는지, 어느 정도 능력의 소유자이기에 어마어마한 예언의 세계를 알고 있는지, 소위 말하는 눈가리고 아웅하는 식으로 큰 소리만 뺑뺑치며 독자를 우롱하는 파렴치한인 것인지를 판단할 수 있게끔 한 초식의 비법이라도 납득이 가게 공개하지 않고는 아무도 신뢰하지도 믿지도 않을 것이 분명하기 때문에 그간 지나온 자취에 대해 간략하게 알렸을 뿐이다.

사람들은 누구나 한 세상 온 이곳에서 성공한 인생을 살기 원하고 그 흔적을 남기고 싶어 한다. 부자였던 사람이 어느 날 아주 어려워지기도 하고 가난했던 사람이 어느 날 부자가 되기도 한다. 초등학교와 중학교 때까지 공부를 잘해서 상위권에 있던 나의 자녀가 고등학교 때부터는 성적이 형편없이 뒤쳐지기도 하고, 공부에 대해선 형편없던 아이가 어느날부터인가 공부 삼매경에 빠져 상위권 성적으로 쑥쑥 올라가더니 결국엔 명문대학에 합격하여 가문의 영광이라며 필자를 붙들고 좋아하는 부모님을 수없이 보았다.

이렇듯 부자는 영원하지 않을 뿐더러 부자가 아니라고 해서 영원히 가난에 찌들어 일생을 끝내는 법 또한 없다. 마찬가지로 아이들 세계도 지금 현재 공부를 잘한다고 원하는 대로 끝까지 잘하리라는 보장도 없는 것이 이 세상의 일이다. 그러기에 찾아올 불행을 미리 예방하여 본래의 자리로 돌려

놓는 것은 우리처럼 살아온 인생보다 살아갈 인생이 더 많은 당신의 자녀에게 큰 축복이 될 것이다.

옛말에 산이 높으면 골이 깊고 골이 깊으면 산이 높은 법이라 했다.

어려움 뒤에는 반드시 즐거움이 있는 법이고, 즐거움 뒤에는 어려움이 찾아오는 법이다. 미리미리 대처하는 자만이 위기와 난관에 봉착했을 때 슬기롭게 대처할 수 있는 지혜가 생기는 법이다.


필자가 그동안 첫 번째 책을 출간했던 『내가 운명을 바꾼다』와 여섯 번째 집필했던 『기본이 무너진 대한민국 이대로는 안 된다』까지 우리 사회의 병폐와 21세기의 험난한 무역전쟁 시대를 헤쳐 나갈 우리 아이들의 미래 비전을 어떻게 만들어가야 할지 제안하였다. 한 권 한 권 책이 출간될 때마다 각계각층으로부터 수없이 많은 격려를 받기도 했지만 두 번째 저서인 『대운을 잡으시오』를 출간했을 당시 어디로 튈지 모르는 럭비공처럼 연관이 된 곳마다 엉뚱한 호기심을 자극하여 희대의 사건으로 비화되고 말았다.

특히 그중 여의도에 밀집되어 있는 증권회사들과 주식에 관계된 펀드매니저, 증권사 임원과 지점장, 애널리스트, 개미군단까지 신비한 책으로 소개되면서 로또복권에 당첨되는 비

법이라도 있는 양 장안의 화제가 되었고 결국 필자의 납치소
동으로 번지면서 일단락되었다고 앞장에서 밝힌바 있다.

　필자는 IMF때 자문을 해주던 국내 최고의 증권그룹사 경
제연구소의 사장님으로부터 증권과 주식에 대한 권유를 받으
면서 사장님을 도와주기 위해 증권 예언을 시작하였다. 더불
어 원효사상 철학에 대한 포교의 일환으로, 후원금을 답지 받
는 목적과 함께 시작한 증권이 필자와 제자들에게 수없이 많
은 파노라마를 만들었다. 필자는 주식의 '주' 자도 모르는 문
외한이지만 IMF 때부터 시작한 증권 예언은 전국 증권가에
폭풍우를 몰고 온 것이다.

| | |
|---|---|
| 1998년 12월 | 국민은행주의 급등 예언으로 시작하여 |
| 1999년 4월 1일 ~4월 30일 | 선물 포인트 대 예언으로 대박 |
| 2001년 1월 | 코스닥 급상승 예언<br>새롬 기술주 매입으로 대박 |
| 2001년 3월 | 끝없는 하락 장세에서 현대건설, 대우건설, 하이닉스주 상한가 예언 매입으로 대박 |
| 2001년 7월 12일 | 옵션만기일 4일 만에 10배 이익을 냄 |
| 2001년 9월 11일 | 미국 테러사건 하루 전날 증시 대 폭락예언 풋옵션 매수로 증시사상 최고 수익을 거둠 |

주식 예언을 하면서 고비 고비 때마다 일일이 열거하자면 한도 끝도 없다.

중요한 것은 예언을 할 때마다 증권전문가 집단마다 부정하고 외면한 것이라도 필자가 틀림없다고 하면 어떤 사회적 영향을 받아서라도 주가가 원하는 대로 이뤄졌다는 것이고, 이 모든 과정이 누구나 볼 수 있고 확인할 수 있도록 당시 상황 그대로 컴퓨터에 기록되어 있다.

특히 9·11 미국테러 사건은 한국증시 사상 엄청난 파장을 몰고 왔고 필자가 그 동안 영혼 철학으로 예언한 대로 주가가 100% 맞는 것에 숱한 구설과 의아함을 표출하던 많은 이들에게 필자의 예언을 인정하고 각인시키는데 결정적 역할을 하였다. 당시 증시사상 가장 큰 폭의 대박이 났다.

쉽게 말해 풋매수로 단 하루만에 200만원을 투자한 분은 2억을 벌었고 당시 필자의 예언을 믿고 따르던 자금이 수십 억원이었다. 그 후 증권회사로부터 밀려드는 강의 요청만 하루에도 십 여건이 넘고 상담을 의뢰하는 단체와 개인은 수 천건이 넘었다.

원효대사께서 강조하던 기신론소(起信論疏)에서처럼 기적의 세계를 눈과 몸으로 직접 느낄 수 있게 직접 보여주는 실천을 보여주어야 믿는 세상이 되었고, 만져보지 않고는 믿음이 없어진 현실에서 증권예언을 100% 맞힘으로써 구구절절 말이 필요 없게 되었다. 그러나 물질 앞에서는 지성인이건 무지한 사람이건 체면 따위는 안중에도 없는가 보다.

오직 그분들에게는 필자에게 얻으려는 것이 필자의 학문에 있는 것이 아니라 마치 점쟁이가 점을 콕콕 찍어 주듯이 대박주나 급등주만을 원하고 하나만 콕 찍어주면 스님을 영원히 부처님 모시듯 모시겠다는 사람들까지 생겼다.

예측불허의 주가 변동을 한 번도 틀린 적 없이 100% 맞힐 수 있었던 조상의 기(氣)와 운에 대한 근원에 대해서 관심들이 없는 듯 했다. 같은 기적이라도 목사님이 일으키면 예수님의 놀라운 기적이 되고, 스님이 일으키면 부처님의 신비한 기적이 된다. 필자도 원효대사 때부터 내려온 스승님의 비법과 비기에 대해 포교활동을 할 수 있지 않을까? 라는 엉뚱한 발상을 한번쯤 해본다. 무릇 모든 종교에 기적이 없으면 결국에는 소멸해 버린다. 불교와 기독교에 대한 기적이 수천 년간을 지속되어 내려온 이유다.

필자에게 일어났던 기적의 현상에 대해서 일반인들은 기적이라고 하나 필자의 입장에서 보면 필자의 학문에는 추구하는 정신세계인 천(天), 지(地), 조(祖), 후(後)에 대한 우주의 이치처럼 원효대사의 비법인 조상 발복의 원리일 뿐 특별한 기적이라고 보지 않는다.

당신의 자녀들이 완전히 변신하여 새롭게 거듭나고, 예비 부부인 신혼부부들에게 미리 예견된 큰 인물이 어떻게 탄생될 수 있는지, 거듭되는 고시의 불운을 어떻게 합격으로 시원하게 이끌 수 있는지, 어떻게 하면 현재의 사업을 계속 번창하게 끌어갈 수 있는지, 유학 간 자녀들이 무사히 학업을 마치고 성공할 수 있는지, 암과 불치병을 앓고 있는 가족들에게 희망을 줄 수 있는지, 고3 수험생을 둔 학부모의 고충을 속 시원하게 풀어줄 수 있는지를 공개적으로 알려주어야 숨은 비법이다.


당신의 관점에서 볼 땐 도무지 상상이 안가는 불가사의한 영혼의 세계가 당신과 당신 아이들에게 어떤 영향을 끼치는지 당신이 직접 확인할 수 있는 본격적인 충격의 세계로 떠나보도록 하자.

앞서 말한 영혼이 있다 없다에 대한 확인을 당신이 직접해 봄으로써 부지불식간에 수없이 많은 갈등을 보인 영혼의 세계를 직접 경험해 보자는 것이다. 그동안 영혼이 있느냐 없느냐에 대한 논쟁은 수없이 있어왔다. 그러나 필자처럼 속 시원하게 영혼이 있나 없나를 확인할 수 있게 직접적인 방법을 통해 경험할 수 있게 한 적은 세계 어디에서도 없었다.

필자가 자신 있게 확인할 수 있는 것은, 당사자가 직접 알 수 있도록 알려주는 비법의 소유자는 현재까지 세계 어디에도 없다는 것이다.

필자의 비법을 원효대사의 가르침을 통해 확인하고 나면 첫째 당신뿐만 아니라 가족 모두가 별안간 머리가 아주 상쾌해지고 맑아지면서 그 동안 두통에 시달린 분이라면 두통이 싹 사라진다. 또한 온 몸이 늘 찌뿌듯한 사람이면 순식간에 몸이 가벼워지는 현상을 느끼게 된다. 목이나 몸에 종기가 난 사람이라면 종기가 거짓말처럼 없어진다. 심지어 전혀 예상 못했던 나쁜 일들이 자기도 모르게 반전이 되어 생활자체가 윤택해 진다.

이러한 현상 말고도 개인마다 약간의 차이들이 있겠지만 기분 좋은 현상이 수도 없이 일어나고 아이들이 눈에 띄게 달라진다. 이렇게 쓰고 보니 필자가 무슨 치료사 같겠지만 필자는 치료사가 아니다. 그렇지만 이러한 현상은 영적인 기운을 받고 계속적인 변화를 통해 수없이 많은 사람들이 기뻐하고 행복을 누리고 있는 현상이다.

지금도 국내외 수많은 사람들이 필자와 인연이 되어서 사랑하는 자녀들 때문에 기적을 바라는 것이 현실이기 때문이다. 이 신비한 기적의 세계를 보여주는 영혼의 기운과 그에 따른 불가사의한 천(天)·지(地)·조(祖)·후(後)의 비밀스러운 영혼세계 체험을 위한 초대권을 당신에게 보낸 것뿐이다. 놀랍고도 경이적인 영혼의 세계가 존재하는지 직접 알 수 있는 절호의 찬스가 당신에게 왔다.

이처럼 비밀의 문이 당신에 의해서 열릴 것이다. 왜냐하면 당신의 손에 열쇠가 들려져 있기 때문이다.

"모든 중생은 말로서 순간은 감복시킬 수 있으나 결국에는 눈과 몸으로 직접 느낄 수 있는 기적의 세계를 보여줘야 절대적 믿음을 갖게 될 것이니 필요하다면 직접 보여 줘야 한다."

원효대사가 제시한 이 화두는 필자가 펼쳐보이고자 한 영혼세계의 진실과 거짓에 대한 확인으로 이 책의 전부임을 다시 한 번 강조하는 바이다.

믿으면 존재하는 법이라고 했다. 진리를 나아가는데
그 어떤 것에도 걸림이 없어야 하며 진실은 진실대로 여과 없이 받아 들여야 한다.
이제 당신이 받아 들여야 할 소중한 진리만큼은
이제부터 놀라움도 놀라움 그 자체로 받아 들여 주길 간절히 바란다.

# 제 3 부
# 가짜 비법과 진짜 비법

## 원효대사 때부터
사대부 집안으로 전해 내려오는
천(天) 지(地) 조(祖) 후(後) 에 관한 비법서
천기란 | 지기란 | 후손의 기란 | 조상의 기란

## 어느 누구의 말도 믿지 말고
조상의 기를 꼭 확인해야 한다

## 훌륭한 자녀를 만들려면
가짜가 아닌 진짜 비법을 써야 한다

## 훌륭한 자녀는 이렇게 만든다

## 어느 것이 진실이고 진짜 비법인지
공개적으로 이야기해 봅시다

# 1
## 원효대사 때부터
## 사대부 집안으로 전해 내려오는
## 천(天) 지(地) 조(祖) 후(後) 에 관한 비법서

**원효대사 때부터** 사대부 집안으로 전해 내려오는 비법
서는 아주 간단하다.

필자는 3부에서 독자가 궁금해 하는 모든 궁금증을 직접 풀
어줌으로써 투명한 관계를 만들고 마음과 마음으로 대화하고
싶다.

그렇다면 그 중에서 가장 궁금해 하는 당신의 운명과 자녀
들이 성공하느냐 실패하느냐, 시험에 합격인가 불합격인가,
불합격이면 왜 불합격이 되고 다시 반전을 통해 합격할 수는
없는지를 독자 분들에게 알려주고자 한다.

더불어 가장 중요한 건강에 대해서도 체크해 줄 것이다.

한 마디로 말해 무병장수를 누리기 위해서 어떻게 해야 건강하게 천수를 누리고 오랫동안 건강하게 인생을 즐기다 임종을 맞이할 수 있는지 비결서의 가장 중요하고 핵심적인 장르를 다룰 것이다.

앞으로 전개될 천지조후 (天地祖後)를 잘 이해하고 실천만 한다면 당신과 당신 자녀가 앞으로 건강하고 훌륭하게 성공할 것이라는데 확신을 갖고 있다. 특히 비결서의 가장 중요하고 핵심적으로 다루는 부분인 천지조후에 변화무쌍한 비급의 도가 담겨져 있다.

인간이 태어나는 순간부터 죽는 순간까지 모든 인간에게 연관이 되는 천지조후의 기운이 평생 동안 함께 있으며, 사람이라면 어느 누구도 이 4가지 기운을 어떻게 받느냐 , 즉 잘 받느냐 아니면 못 받느냐의 차이에 의해 살아온 인생과 살아갈 인생이 완전히 뒤바뀌게 되어있다. 필자가 진행하고 있는 모든 비법은 이 4가지 기운을 어떻게 조화롭게 운영하는 가에 따라 180도 달라진 인생을 살아갈 수 있다.

필자와 현재 상담하고 있는 내, 외국인들이 바로 이 기운의 정체를 몸소 알고 느끼고부터는 무조건 이 기운을 잘 받기 위해서 전력 질주하는 형국이며 끊임없이 노력하고 있다. 이 기운의 정체는 국, 내외에서 직접 경험하고 성공한 많은 분들이 지금도 한시도 놓지 않고 매달리고 있는 중요한 사항임을 당신에게 먼저 강조하면서 시작할까 한다.

인간의 운명 사를 결정짓는 기운으로 천기, 지기, 후손의 기, 조상의 기로 나뉜다. 이 기는 우리가 흔히 일상생활에서 느끼는 각 기운의 독립된 염파를 느끼며 살아간다. 우리를 이 땅에 보내주신 절대적인 보살핌을 받는 천기와 이 세상을 관장하는 모든 지신들의 보살핌을 받는 지기 그리고 당신이 이 세상에 태어나는 순간 하나의 인연으로 조상으로부터 받는 영혼의 기운인 후손의 기, 마지막으로 나와 자식들에게 가장 큰 영향을 미치고 나에게 주어진 삶을 우연과 필연, 씨줄과 날줄로 엉클어진 인생을 권·선·징·악을 통해 얼마큼 진실하게 살아가는 가에 따라 결정되는 조상의 기로 집약된다.

바로 이 조상의 기가 당신과 자녀들의 행복과 불행이라는 운명에 다른 세 가지 기운보다 비교가 안 될 정도로 영향을 미친다. 그간 앞장에서 언급한 바와 같이 수없이 많은 불가사의한 기적의 예언은 원효대사 때부터 전수되어 내려온 영혼철학의 비법이 아니라면 애당초 불가능한 내용들이 있다.

바로 이 비법의 핵심이란 조상과 태아 즉 자손들과의 연관에 의해 나와 자녀들에게 강력히 미치는 영향임을 눈과 몸으로 보여주고 있다.

우리가 이 세상에 태어나는 순간 출발점 하나를 점찍고, 죽는 날 마침표에 점하나 찍어서 그 두 점을 이으면 그것을 우리는 운명이라고 부른다.

그런데 바로 그 운명이 불만스럽고 불공평하게 느껴진다.

과연 이 세상에 태어나서 죽을 때까지 만족스럽게 살다간 인생이 과연 몇 이나 될까. 늘 엇박자 인생이 줄기차게 교차한다. 부자에겐 병을 주고 건강하면 가난이 대물림되고, 자녀들이 똑똑하고 건강하며 효자효녀이면 남편이나 부인 쪽에 문제가 생기고 그 외에 상상도 못한 잡다한 현상들이 우리를 괴롭힌다.

이로 인해 세상사가 만족스럽지 못하고 쌓이는 스트레스로 만병이 찾아온다. 그러나 나와 가족이 행복하고 풍요로워지면 잊어버리고 사는 것이 인생사이다. 그러나 본인이 힘들고 고통스러움에 빠지면 남들과 비교하며 자괴감에 빠져드는 것이 인간의 심리인 것을 어찌겠는가. 내가 힘들 때 현실에서 벗어나기 위해 또한 마음의 위안을 얻으려 종교에 의지해 보기도 한다. 종교를 통해, 위안을 주기 위해 전달하는 좋은 말씀과 지켜야 할 계율과 실천의 도는 모두가 나를 중심으로 절대적 도움이 되어주기를 바라고, 부도가 났으면 로또복권 이라도 당첨되기를 바라고, 병약한 사람은 기적 같은 치유가 오늘 당장 일어나 주기를 간절히 기대한다.

큰 것을 바라는 기도와 작은 것을 바라는 기도가 다를 수는 없다. 허나 큰 소원이든 작은 소원이든 이뤄지길 모두가 학수고대하며 오늘도 교회와 절을 찾아 부지런히 기도한다. 종교 지도자들이 당신에게 위안을 주기 위해 영감 있는 말씀으로 안정을 취하게 해주는 것이야말로 생활의 활력소이다.

필자의 비법은 기독교와 불교 등의 종교와는 엄연히 구분이 되어야 한다. 필자는 당신과 자녀에게 어느 날 갑자기 찾아온 불행을 알면 대처할 수 있다는 것을 확신시켜줄 것이다.

그렇다면 지금부터는 정신적인 저울의 추를 이 책을 덮는 순간까지 영점으로 놓고 편안하게 시작해 보자.

지금 이 세상은 워낙 거짓말이 난무하는 세상이 되었다. 모르고도 속지만 알고도 속는 세상이다. 남을 속이려고 하다 보니 권모술수와 음모가 판을 친다. 이럴 때 가장 확실한 방법은 본인이 직접 확인하는 수밖에 없다.

지금부터는 그 어느 누구의 말도 확인되지 않으면 믿지 말고, 심지어는 필자의 말도 믿지 말고 당신이 직접 눈으로 확인하고 몸으로 체험하여 이 놀라운 영혼철학과 원효사상의 세계를 직접 느껴보도록 하자. 그 동안 국내와 일본 등 국내외를 발칵 뒤집어 놓았던 이 비법은 국내와 해외 지도자들 앞에서 공개적으로 한 검증된 내용임을 스승님과 필자의 명예를 걸고 밝히는 것이니만큼 한 치의 거짓도 없음을 분명히 밝혀둔다.

특히 961년에 기록된 '증경록'을 보면 원효대사가 땅 막 안에서 하룻밤을 지내고 나서 깨달음을 얻었다는 기록은 이렇게 적혀있다.

988년에 기록된 '송고승전'과 1107년에 기록된 '임간록'도 비슷한 내용이다.

…원효가 의상과 함께 당나라로 건너가서 스승을 찾아다니다가 어느 날, 땅 막 안에서 잠을 잤다. 한밤중에 갈증이 심하여 물을 찾았는데, 마침 옆에 고여 있는 물을 손으로 움켜 마셨더니 그 맛이 아주 좋았다. 그런데 다음 날 날이 밝아서 일어나보니 마신 물은 시체가 썩은 물이었다. ('임간록'에는 해골바가지에 고여 있는 물이었다고 쓰였음) 그 물을 보자 몹시 마음이 불쾌해지고 창자가 뒤틀리면서 토할 것 같았다. 그 순간 원효는 홀연히 깨닫고 이렇게 말했다. "내 듣건대, 부처님께서 우주는 마음 하나에 달려있고 모든 진리도 마음일 뿐이라고 하셨다. 맛있고 시원함과 역겨움이 나에게 있을 뿐 물에 있지 않다. 마음밖에 법이 없거늘, 어찌 따로 구할 것이 있겠느냐." 하고서 고향인 신라로 돌아가 두루 중생들을 교화했다.…

신라로 돌아온 원효는 통일 전쟁으로 인해 대규모 싸움이
벌어진 신라와 백제의 마지막 보루인 변산에서 신라군에 의
해 백제군이 몰살당한 곳에서 원효대사의 그 유명한 죽은 영
혼을 달래주는 구명시식인 광명진언 (모래를 이용하여 죽은
영혼들을 달래주고 신라에 원귀가 되어 돌아오지 않고 저 세
상으로 잘 가게 함)을 함으로써 이후에 있을 고구려와의 전쟁
을 승리로 이끌어 삼국통일을 이루는 밑거름이 됐다는 내용
은 시사하는 바가 크다.

수십 개의 절이 1,000년 이상 남아 있었던 한국불교의 메
카인 변산은 아쉽게도 6·25 전쟁으로 몇 개의 절만 남기고
모두 소실돼버린 안타까운 역사를 갖고 있는 곳이다. 그러나
이쪽 세계에서 전설처럼 내려오던 까마득한 절벽 중간에는
원효대사가 수고 정진했다는 원효의 방이 지금도 존재하는
것과 그 당시에 행했던 구명시식인 것에서 그 위대함이 묻어
난다.
그 당시에 행했던 구명시식인 광명진언은 필자의 비법으
로 인해 죽은 영혼과의 접속으로 이뤄진다는 것을 밝힌다.
그 동안 원효 스님의 발자취가 어려 있는 곳이면 모두가 보
았다. 원효가 태어난 경산의 불동마을, 머리를 깎으신 영축
사, 사미시절을 보낸 반고사, 스승님을 만난 포항의 오어사,

'화엄경소(華嚴經疏)'를 쓴 분황사, 말년을 보냈다는 혈사 까지 다 가보았다.

역사를 더듬어 보는 것처럼 사실적인 것은 없다.

그곳에 있으면 기운이 느껴진다. 그것은 원효대사께서 중생들에게 주는, 믿음이야말로 진정한 행복이라는 가르침이다. 이 믿음의 가르침이야말로 모든 세상을 따뜻하게 만들고 영혼의 세상과 이승의 세계가 따로 있지 않고 함께 한다는 역설을 가르쳐 주는 것이라 하겠다.

## — 천기(天氣)란 어떤 것일까

천기란 하늘의 기를 말하며 우주를 창조하고 우리를 이 땅에 보내주신 절대신의 기운을 뜻한다. 우리는 이 땅에 태어날 때 알 수 없는 저 먼 곳에서 왔고, 그 분의 뜻대로 그분의 자녀로 보내진 것이다. 종교마다 부르는 호칭은 다르지만 어느 종교에서나 절대신의 존재를 인정하고 있다.

절대신은 우리를 이 땅에 보낼 때 즐겁게 행복한 세상을 보게 하고 선을 베풀며 열심히 공부하고 수양하여 조금 더 성숙해져서 돌아오라고 이 땅에 보내 주셨다. 이 땅 어느 곳에 있든지 착하고 올바르게 좋은 업보를 행하며 행복하게 살다가 오라고 보내주신 것이다. 돌아간다고 하는 것은 곧 죽음을 의

미한다. 우리 인간은 바로 이 절대신의 자녀들이고 그분의 나라에서 여기 이 땅으로 모든 부모들이 자식을 기도하듯 우리 인간에게 무조건적인 사랑과 절대적 도움을 주시는 분이다. 이렇듯 절대신은 우리에게 시련과 벌을 주시지 않고 시험하지도 않는다. 무조건 무한정 도와주시고 잘 되게끔 보살펴 주실 뿐이다.

부모님이 자식을 사랑하듯이 많은 사람들이 시간과 돈은 투자하여 교회에 가서 기도를 드리고 성당에 가서 미사를 드리고 절에 가서 불공을 드리면서 신께 "잘 되게 해 주십시오" 하고 자신들의 안위와 자식의 장래를 빈다. 하지만 엄밀히 말해서 이것은 잘못된 것이다. 우리가 교회나 성당이나 절을 찾아가는 이유는 나와 자식들이 잘되게 해 달라고 무언가 소원을 빌러 가는 것이 아니다.

이 세상에 보내주신 신께 안부 인사를 하며 "저 잘 있습니다. 항상 감사합니다. 부모님께 효도 많이 하고 선을 베풀며 착하고 올바르게 열심히 살다가 때가 되면 돌아가겠습니다." 라고 마음에서 우러나오는 감사의 편지를 쓰는 시간이다.

다시 말해 우리가 교회, 성당, 절에 가는 것은 무언가를 빌러 간다기보다는 신께 감사드리러 가는 것이 옳은 말일 것이다. 목사님, 신부님, 스님께 설교, 강론, 법문을 듣는 것은 우리가 이 땅에 살면서 착하고 선을 베풀며 올바르게 사는 것을 배우기 위해서이다.

성경이나 불경 등의 내용을 보면 모두 다 좋은 말씀들이다. 그런데 많은 사람들은 성직자를 우리를 구제해 주는 분으로 혼동하며 마치 그 분들이 모든 우주를 주재하고 우리에게 복록이 넘치게 하여 주는 줄로 착각하는 경우도 있다. 하지만 성직자란 자신의 종교에 대해 열심히 공부하고 수행해서 깊은 종교 지식이 없는 우리들에게 신께 감사드리는 방법, 각 종교의 계명과 계율 그리고 올바르게 행하고 사는 길을 가르쳐 주시는 분들일 뿐이다. 그들도 신의 곁으로 돌아갈 날을 기다리며 수행하기는 우리와 다를 바가 없기 때문이다. 우리는 절대신에게 늘 감사하고 고마워하고 다시 돌아갈 때까지 항상 최선을 다해 착하고 올바르게 열심히 살아야 할 이유다.

다시 말하지만 우리는 저 먼 절대신의 세계에서 이 땅으로 잠깐 쉬고 공부하고 여행하러 온 것 일뿐이다. 그리고 그분이 주시는 무한의 사랑 즉 천기의 영향을 받으며 살아간다. 절대신은 우리를 무조건적으로 도와주신다. 즉 천기(天氣)는 절대신의 기운이며 인간을 무조건 도와주시는데, 우리가 죽으면 육체는 이 땅에 남고 영혼은 저 세상으로 가는데 그때 심판을 받는 과정은 간단히 다음과 같이 분류한다. 착하게 살았으면 좋은 곳으로, 나쁘게 살았으면 나쁜 곳으로, 기독교에서는 천당과 지옥으로, 불교에서는 극락세계와 구천을 떠도는 영혼으로 분류한다.

우리 인간은 다음 세상을 위해서 반드시 착하고 올바르게 살아야 하는 이유가 여기 있는 것이다.

## ― 지기(志氣)란 무엇인가

지기란 지신(地神)의 기운을 말한다.

우리 모두는 광활한 우주인 하늘나라에서 이 땅 지구로 왔다. 이 땅에는 여러 신들이 존재한다고 예부터 믿어왔다.

산에는 산신, 바다에는 용왕신, 태백신, 서낭신, 삼신할머니 등 헤아릴 수 없이 많은 신들이 존재한다. 하늘이 절대신이라면 이 신들은 절대신을 보좌하는 장관급 신이라고 볼 수 있다. 우리는 이 땅에 와서 살면서 이 땅 어느 곳에 가든지 그곳에 있는 지신에게 무조건 영향을 받는다. 그렇다면 어떻게 영향을 받는가. 지신들은 우리가 절대신의 자녀이기 때문에 우리가 이 땅에 사는 동안 무조건적으로 보호해 주고, 돌봐주고 돌아갈 때까지 보살펴 준다. 우리 선현들이 예로부터 고유의 토착신을 믿고 숭상했던 것도 이유가 있는 것이다.

우리 고유의 풍속은 우상 숭배와는 근본적으로 차이가 있음을 알아야 한다.

예를 들어 어린아이가 고층 아파트 베란다에서 놀다가 떨어지자 너무도 놀란 아이 엄마가 잔디밭으로 뛰어 내려가 보니 아이는 털끝하나 다치지 않고 울고만 있더라는 실화는 상식과 이성적으로는 도저히 이해가 가지 않는 일이다. 이때 우리가 흔히 하는 말이 "삼신할머니가 도와 주셔서 기적 같은 일이 일어났다"고 한다.

이렇게 상식적으로 생각할 때 우리들의 이성적 판단으로는 도저히 일어날 수 없는 일임에도 불구하고 기적이 일어나게 하는 기막힌 조화는 바로 이 분들, 지신 때문이다. 이 분들이 특히 어린 아이들을 더욱 사랑하고 도와주시는 것은 어린아이들이 아직 영혼이 맑고 깨끗하기 때문이다. 다시 말하지만 우리는 절대신의 자녀이기 때문에 우리가 이 땅에 사는 동안 지신들 또한 우리를 무조건 도와주시고 보살펴 주신다는 사실을 잊어서는 안 될 것이다.

모든 신은 공평하다. 절대신께서도 우리를 도와주시고 이 땅의 지신들도 우리를 도와주시는데 무엇 때문에 어느 누구는 잘되고 어느 누구에게는 계속된 시련과 실패를 주는 것일까? 세상살이에 실패하는 사람들은 도대체 어떤 영향을 받길래 사업이 망하고 아파서 병원에 입원하고 애정에 금이 가면서 이혼하고 송사로 인해 교도소에 들어가고 암, 불치병, 난치병으로 고생을 하는가. 세상을 돌아보면 오로지 나에게만

고난과 실패와 고통으로 어렵게 살아가는 것 같은 억울함만 밀려오는데 그 이유는 도대체 무엇이고 나와 가족에게 어떤 영향을 미치는지 살펴봐야 할 것이다.

## ― 후손(後孫)의 기(氣)란

후손의 기란 부모님으로부터 잉태된 태아가 이 땅에 와서 살아가는 동안 자신의 운명을 스스로 노력하고 개척하여 성공을 위해 분투하는 본인의 기를 말한다.

우리는 누구나 열심히 노력하면 본인 스스로도 상상할 수 없을 만큼의 놀라운 재능을 개발할 수 있는 잠재력을 갖고 태어난다. 어떤 사람은 태아 때부터 조상님들의 발복으로 인해 명당의 기운을 받고 태어나기도 하고 집안의 기운을 받고 태어나 성공 할 수밖에 없는 인생도 있다. 조상님의 보호 속에 영적인 계시를 받고 태어나는 것 또한 무시할 수 없지만 본인 스스로의 노력으로 당대에 일가를 이룬 분들도 수없이 많은 것도 사실이기 때문이다. 통상적으로 역사의 중요한 변혁기의 길목에서 뛰어난 활약을 한 인물들을 추적하다 보면 틀림없이 두 가지 모두가 어우러진 분들인 것을 어렵지 않게 알 수가 있다.

해신 장보고 , 태조 왕건, 태조 이성계, 성군 세종대왕, 성웅

이순신, 사명대사, 박정희 대통령, 정주영 회장, 이병철 회장, 최종현 회장과 같은 국가지대계를 이끈 분들과 세계적인 예술인, 국내외에서 활동하는 스포츠 스타 등 성공과 부합된 인물들을 다 쓰자면 책으로 수십 건도 부족하니 이 정도에서 그치는 것이 좋을 듯하다.

그러나 이분들의 공통점을 들여다보면 결정적일 때, 누군가의 절실한 도움이 필요할 때, 도움을 주는 인물이 나타나는 스토리가 예외 없이 나타난다. 성공가지의 스토리가 모두다 한편의 드라마다. 혹시나 그 노력까지도 미리 운명이라는 틀속에 예정되어있는 것은 아닐까? 그러나 말 그대로 본인들의 노력도 대단하였지만 조상님들의 발복 없이는 불가능했을 것이라는 것이 필자의 개인 생각이다.

이렇게 놓고 보면, 본인만 열심히 하면 어느 누구라도 후손의 기를 무궁무진하게 발전시킬 수 있다는 결론이 선다. 우리가 각자의 삶에 충실하고 성실히 살아야 하는 것은 신의 뜻을 따르는 인간의 도리인 동시에 자신의 삶을 보람 있게 만들기 위한 최선의 방법이기 때문이다.

아무리 대통령이 되고 장관, 판·검사, 국회의원, 대학자, 과학자, 음악인, 예술인, 스포츠인 재벌이 될 천기를 가졌더라도 본인의 노력 즉 후손의 기가 부족하면 이루기 어려운 것이다. 항상 겸손하고 베풀며 좋은 업을 쌓고 행하는 후손의 기가 절대적으로 수반되어야 하는 것이다.

그동안 필자와의 만남으로 당신과 가족에게 큰 변화가 찾아오고, 돈과 명예를 얻고 자녀들에게 변화와 행복이 찾아왔다면 분명하게 어떤 비결이 확실히 존재한다고 믿어야 한다. 필자를 꼭 만나고 싶어 하는 내·외국인을 보면 당신 스스로 열심히 노력하는데 뜻대로 일이 풀리지 않고 계속되는 실패로 불행하다고 생각하는 사람이거나, 자식들의 문제로 고민에 빠진 분들이 어떻게 하든 시원하게 해결하고 싶어서이다.

이렇게 보면 끊임없이 노력하는데 왜 나에게만 끊임없는 불행이 닥치는 걸까. 아무리 노력해도 안 되는 걸까. 행복과 불행의 차이 성공과 실패의 차이는 왜 일어나는지 꼭 알고 싶은 것이 인간의 본능이다.

그 본능의 해답을 다음에서 풀어보자.


## ㅡ 조상(祖上)의 기(氣)란

조상의 기가 우리에게 가장 중요하게 작용한다.


이 책에서 말하고자 하는 훌륭한 자녀 만들기는 바로 원효대사 때부터 끊어지지 않고 면면히 내려온 한국의 정신사이며 세계적인 문화유산의 보고이다.

사대부 집안으로 힘 있게 전수되어 내려오는 조상의 기가 후손들에게 어떻게 작용되어 어떤 결과가 나타나는지 대해 알려주려는 것이다. 천·지·조·후의 기운 중에 가장 중요한 조상의 기를 올바르게 이해한다면 당신이 갖고 있는 모든 문제와 숙제는 이곳에서 해답을 얻을 수 있을 것이다. 그러기 위해선 먼저 조상의 개념을 정리하고 갈 필요가 있다.

요즘 우리 사회가 서구 문화에 물들고 개인주의가 팽배해지자 부모와 형제보다도 나를 앞세우고 남보다는 자아를 강조하는 세상이 되다보니 이상하게 언제부터인가 조상이라는 말이 아주 구태의연하고 고리타분한 단어로 취급되어지는 세상이 되었다. 그러나 조상이란 다름이 아니라 바로 나의 부모님을 일컫는다. 부모 없이 세상에 나온 이가 있겠는가. 절대 신은 우리 인간을 이 땅에 보내 주실 때 그냥 보내 주신 것이 아니고 인간의 몸을 통해서 보내 주셨다.

예수님이 이 땅에 인류를 구원하러 오실 때에도 영적이나마 성모마리아의 육체를 통해서 오셨고, 석가모니 부처가 이 땅에 오실 때에도 왕의 아들로 오셨다. 나와 아내의 몸을 통해 나의 자식들을 이 세상에 태어나게 했듯이, 우리들 모두는 우리를 낳아준 부모를 통해서 이 땅에 왔고, 그 부모는 그 부모의 부모로부터 이 땅에 왔으며 또한 한결같이 저 세상으로 돌아가셨다.

이렇듯 조상이란 부모의 또 다른 이름인 것이다. 내가 조상이고 조상이 곧 나이다. 그렇기에 조상의 기는 당연히 후손에게 미치고 그 어떤 기운보다 강력하게 작용한다. 만약에 당신 스스로가 죽었다고 가정해보자. 당신이 저 세상으로 갔다고 자식들에 대한 걱정과 사랑이 사라지겠는가. 이것은 인류가 존재하는 한 어느 민족이든, 어떤 가정이든 만고에 변하지 않는 진리일 것이다. 사람이 죽으면 "돌아 가셨다"라고 말한다.

이것은 절대신께서 되돌아 간 것을 말하며 앞에서 말했듯이 죽는다는 것은 육체와 영혼이 분리되어 육체는 이 땅에 남고 영혼만 저 세상으로, 즉 절대의 신께로 돌아가는 것을 말한다. 하지만 바로 이때 모든 영혼이 절대신에게 잘 가는 것은 아니다. 모두 다 잘 가셨다면 아마도 인류문명에 커다란 변화가 있었을 것이다.

부모님과 조상님 중에는 잘 가신 분이 있고 못 가신 분이 있을 것이다. 잘 가시고 못 가시고는 얼마만큼 자신의 탐욕을 버리고 자기보다 어렵게 사는 사람들과 더불어 착하게 살았느냐와 자신의 탐욕으로 인해 얼마나 많은 사람들에게 아픔을 주었느냐가 관건일 것이다. 이것에 대한 판결은 하늘에서 판단을 내리시는 것이다. 종교에서는 잘 가신 분을 "천국, 천당, 극락에 가셨다" 하고 못 가신 분을 "지옥에 떨어졌다" 또는 "구천을 떠돈다"라고 표현을 하는데, 이 책을 읽는 당신도

이다음에 저 세상으로 돌아갈 때 잘 가시려면 살아온 날이야 어쩔 수 없지만 앞으로 살아야 할 인생만큼은 거짓과 탐욕을 버리고 정직과 진실된 마음으로 살아야 만이 좋은 곳으로 갈 수 있음을 명심해야 할 것이다.

앞으로 당신과 당신의 자녀에게 미치는 조상의 기 즉 부모님의 영혼이 잘 가셨는가, 못 가셨는가에 따라 완전히 달라진다. 잘 가신 분은 후손들에게 무조건 도움을 주시며 자식들에게 좋은 영향이 오는 것이다. 또한 사업이 일취월장 번창하고 집안도 번성하고 자손들이 건강하고 출세가도를 달린다. 이것을 보고 흔히 무심결에 조상님들의 음덕 덕분이라고들 한다. 그러나 못 가신 분은 후손에게 아주 나쁜 영향으로 다가온다. 흔히 조상이 찾아와 나를 해친다고 하는 것은 지금껏 무수히 많은 사례가 이를 증명한다. "조상이 잘못되어 되는 일이 없다"는 말을 하는 것은 못 가신 영혼의 기가 후손에게 안 좋게 미치기 때문이다.

현재에도 대한민국의 명사의 집안을 보면, 조상의 기 즉 부모님의 음덕의 기를 자손들이 덕 보기 위해 할아버지, 할머니 또는 부모님의 묘 자리를 수만금 지불해가며 명당이라고 감지된 곳으로 이장하는 것이 마치 유행처럼 번지고 있다. 그러나 그것보다 더 중요하고 확실하게 덕을 보는 방법은 절기 때마다 명절 차례를 지내는 것이고, 부모님 제사 때 후손들이 지극 정성으로 부모님 제를 잘 모시는 것만으로도 충분하게 좋은 기를 받을 수 있다.

　이것이 잘못되었을 때 당신의 건강은 물론 물질적, 정신적으로 모든 것을 잃게 되고 고통과 좌절 속에 계속되는 불행의 나날을 보내게 된다. 심지어는 불의의 사고와 액운을 당하여 삶을 포기하기도 한다. 그런데 사실은 임종하신 부모님이 찾아와 당신을 해치고 괴롭히는 것이 아니다. 자식 못 되기를 바라는 부모가 세상천지에 어디에 있는가? 나를 해치고 괴롭히려고 찾아오는 것이 아니고 자신들의 고통을 후손에게 호소하며 도움을 청하고 있는 것이다. 즉 돌아가신 부모님 영혼 스스로가 너무 힘들어서 지금의 고통을 벗어나고 싶다며 자식들에게 호소하려고 찾아오는 것이며 제발 좋은 곳으로 보내 달라고 호소하는 것이다 바로 그같은 메시지 전달 방법이 꿈, 태몽, 암시, 영혼의 기 등 여러가지 메시지를 보내며 구원의 손길을 바라는 것인데 자식들에게는 이 메시지가 불운과 액운으로 나타난다는데 문제가 발생하는 것이다. 정확히 말하자면 자식의 불운과 액운은 자식들이 진정으로 영혼을 영접하지 못하기 때문에 고통을 받는 것이라고 할 수 있다.

　사업, 건강, 출세 등 되는 일이 없고, 이유 없이 몸이 아프고, 마음이 불안하고 혼란스러우며 모든 일이 잘 안 풀리고,

결정적일 때 무너지고, 사태 수습이 안 되는 현상의 모든 것들은 못 가신 영혼의 메시지가 영향으로 미치고 있기 때문이다. 단지 우리 눈에 보이지 않는다는 이유로 조상의 기를 모르고 무시하며 살아가고 있다. 필자는 단언하건대 조상의 기는 지금 이 순간에도 당신과 자녀들에게 엄청난 파장을 미치고 있고 그것이 당신과 자녀들 운명에 결정적으로 작용하고 있다는 것을 다음 장에 증명해 보일 것이다.

숫돌을 천만 번 간다고 거울이 되는 것은 아니다. 믿으면 존재하는 법이라고 했다. 진리를 나아가는데 그 어떤 것에도 걸림이 없어야 하며 진실은 진실대로 여과 없이 받아 들여야 한다.

이제 당신이 받아들여야 할 소중한 진리만큼은 이제부터 놀라움도 놀라움 그 자체로 받아들여 주길 간절히 바란다.

# 2
## 어느 누구의 말도 믿지 말고
## 조상의 기를 꼭 확인해야 한다

— 조상의 기를 모르는데 어떻게 정확하게 확인을 할 수 있을까

**우리는 막연하게** 영혼의 세계를 신문과 매스컴을 통해 알게 되면서 인정하게 되고 그 보이지 않는 기가 인간운명에 영향을 미친다고 생각한다. 그래서 누군가가 돌아가시면 좋은 곳으로 잘 가시라고 각자의 종교나 가풍에 따라 기도, 연도, 천도 등으로 예를 해드리고 고인의 안부를 걱정하며 성직자에게 영혼의 안부를 맡긴다. 그런데 그 예를 주재한 성직자는 한결같이 좋은 곳으로 잘 가셨다고 말한다.

부모님이 정말 잘 가셨는가 알고 싶어도 확인 할 길이 없고 눈에 보이지 않으니 그냥 잘 가셨나 보다 믿는 것이고, 목사님이, 신부님이, 스님이 잘 가셨다고 하니까 의심 없이 무조건 믿는다.

당신 스스로 과연 잘 가셨는지 못 가셨는지를 증명할 수 있는 방법을 알 수가 없으니 무조건 믿을 수밖에 없다. 그러다 세월이 흘러 살아가면서 모든 일이 잘 풀리지 않고 액운이 자꾸 생길 때 혹시나 하면서 용하다고 소문난 점쟁이를 찾아가 물어보면 "조상님이 힘들어 당신을 찾아와 계시니 굿을 하자, 천도를 하자"라는 말을 듣게 된다.

결국에는 지푸라기라도 잡아보자는 심정으로 많은 돈과 시간을 들여서 하라는 대로 해 보지만 사업, 건강, 자녀문제 등 내가 원하는 뜻대로 되는 것이 없다. 이것은 몇몇 수행자와 점을 치는 사람들이 자세히 모르면서 조상을 빙자하여 거짓을 당신에게 전달하는 것이다. 이렇듯 조상님을 들먹이는 것은 전부 다 거짓말이다. 국내외 많은 분들이 부모님과 조상님들이 잘못되었다고 하면 도대체 무엇이 잘못되었는지를 확인할 길이 없으니 이는 거의 모든 분들이 거짓말에 속고 당할 수밖에 없는 것이다.

속고 당하는 것이 일상다반사이다 보니 도저히 이래서는 안 되겠다 싶어 필자가 이렇게 글을 쓰게 되었는지도 모른다.

도대체 어느 조상님이 못 가셨는지도 정확히 모르면서 해결할 수 있는 비법도 없이 돈을 벌겠다는 욕심으로 근거 없이 아는 척하면서 넘어가려는 상황이 일반적이다. 심지어 어떤 이는 모든 조상이 다 잘못되어서 큰일 났다고 으름장을 놓기도 하고, 원래는 잘 가신 분인데 당신이 조상을 잘못 모셔서 하도 배가 고파 당신을 찾아 온 거라는 등 이상한 말만 장황하게 늘어놓고 현혹시킨다.

다시 한 번 확실히 강조하지만 영혼이 잘 가시고 못 가신 것은 그 분이 이 땅에 살면서 얼마나 착하고 올바르게 살았는 가에 대한 죽음 이후의 저 세상에서의 심판이지 이 세상에 살고 있는 인간들이 정하는 것은 아니다.

요즘같이 이성적 판단과 사실 과학이 발달한 세상에 실체도 없이 말로만 떠들다가는 흔히 사이비로 알려져 많은 반대와 의심을 받게 되는 것이 일반사이다.

자, 지금부터는 어떤 성직자의 말도 믿지 말고 경험적으로 당신 손으로 직접 느껴보자.

인간으로 태어났다면 동·서양을 막론하고 가장 알고 싶어하는 분야가 영혼이 존재하느냐, 안 하느냐가 가장 궁금해 하는 것이라고 생각한다. 필자가 일본에서 종교지도자들 앞에서 공개적으로 진행할 때 모두가 놀라움과 경탄을 금치 못했던 비법이었으며, 십여 년간 국내와 일본, 홍콩, 중국, 대만, 미국, 캐나다 그리고 유럽에서 그네들의 관점으로는 불가사

의 그 자체인 비밀이 눈앞에서 펼쳐질 때 모두가 인정한 내용
이었으니, 당신도 이 비법의 숨겨진 비밀만 이해한다면 그 순
간부터 흥분으로 몸을 떨게 될 것이다.

이렇게 직접 느껴지는 과정과 건강, 출세, 성공, 행복과 당
신 자녀의 미래가 확실히 보장될 것임을 믿어 의심치 않는다.

첫 번째 공개는 앞에서 말했듯이 잘 가신 분은 후손을 도와
주고 못 가신 분은 자손들에게 찾아와서 도와 달라는 메시지
를 보내는데, 그것이 당신과 가족에게는 액운과 불행 등 나쁜
영향으로 나에게 미친다. 그 영향이 나에게 미치는지 안 미치
는지를 직접 알아 볼 수 있는 방법이 있기 때문에 많은 분들
이 놀랍다고 하는 것이다.

서울 동작구 현충원 국립묘지, 수유리 4·19묘지, 광주 망월
동 5·18묘지, 대전 현충원 국립묘지 등 국가에서 관리하는
국가유공자 묘지와 삼풍백화점, 대구 지하철, 비행기 사고로
인한 유령제와 당신과 직접적으로 연관된 선산의 묘 또는 부
모님 묘에서 필자가 지시하는 대로 당신이 이 책을 덮고 곧바
로 직접 확인해 보도록 하라. 믿지 못할 놀라운 광경이 벌어
질 것이다. 우리 눈에는 보이지 않지만 묘지에는 영혼의 기가
강력히 흐르고 있다.

우리들은 산소에서 벌초도 하고 정성껏 준비한 음식을 차

리는데 이때 차려놓은 음식은 물론 그 곳에 있는 당신과 자녀들에게도 그 영혼의 기를 틀림없이 받게 되어 있다. 그때 부모님의 영혼이 잘 가셨으면 좋은 기를, 못 가셨으면 나쁜 기를 받게 된다. 본인이 직접 산소에 가서 제사를 준비할 때 가지고 간 술, 두부, 사과, 배 그리고 담배를 피우시는 분들은 담배 등으로 본인이 직접 실험하도록 권해본다.

산소 앞에서 제사를 지낼 때 술이나 과일, 두부 그리고 담배 등을 자리에 놓고 5분에서 15분 정도 기다린 후 각각 맛을 보라. 영혼의 속도는 빛의 속도보다 빠르기 때문에 2~3분 정도의 짧은 시간이라도 변화가 찾아온다. 분명한 것은 본래의 맛과 달라져 있는 것을 느낄 수 있을 것이다.

좀 더 확실하게 비교를 하려면 산소 앞에 놓아두었던 것과 놓지 않은 것을 단순 비교해 보라. 영혼이 잘 가신 분의 묘 앞에 놓았던 술은 처음의 맛이 아니고 아주 달고 순한 맛이 나며, 담배도 부드럽고 순해져서 풀 냄새가 날 정도가 된다. 남편이 곁에 있으면 남편의 담배로 산소 앞에 놓아두었던 담배와 놓지 않은 담배를 남편보고 직접 맛보며 확인해 보라고 하면 확연히 느낄 수 있다. 두부 같은 경우에는 탱글탱글해져서 고소한 맛이 난다. 잘 가신 영혼은 자식들에게 무조건 좋게 해 주고 도와주시기 때문에 음식의 맛도 좋게 변화시키는 것이다. 바로 이것이 잘 가신 분의 영혼이 도와주신다는 확실한 증거이다.

반대로 못 가신 분의 묘에는 어떤 변화가 생길까.

당연하겠지만 술맛이 독하고 쓰다. 담배 맛도 쓰고 목에 탁걸리며 두부는 즉시 퍼석퍼석한 맛이 난다. 못 가신 영혼의 기는 안 좋은 영향을 미치기 때문에 음식 맛까지도 안 좋아진다. 필자가 일본과 유럽에 초청 받아 그 곳에서 어느 가문을 위와 같은 방법으로 똑같이 했을 때에도 똑같은 현상이 일어났고, 당사자 가족 분들이 동양의 신비라며 깜짝 놀랐다. 전 세계 어느 집안이든 개인적이든 누구라도 같은 상황이 벌어진다.

유럽에서 초청을 한 집안은 당연히 기독교 집안이었다.

조금 의외인 것은 조상을 위해 모시는 것은 우리보다 더 엄격한 계율을 통해 엄숙히 치러지고 있었으며, 종교적인 의식과 조상들을 모시는 과정은 전혀 별개의 과정으로 치르고 있는 것에 일심 수긍이 갔다.

예를 들어 부모님의 영혼이 잘 가셨으면 별 문제는 없다. 그러나 잘 못가신 영혼의 음식 맛이 이렇게 안 좋게 순식간에 바뀌는데 자식에게 미치는 육체적으로나 정신적 영향은 얼마나 클 것인지 상상해 보면 쉽게 이해가 갈 것이다. 바로 이 부분이 자식에게 해를 끼치게 되는 증거이다. 이렇게 확실한 실험을 통해 설명을 하였더니 의심이 많은 독자 분들께서 이런 질문을 하였다.

매장을 하지 않고 화장을 하신 분들이나 선산이나 부모님 묘가 북쪽에 있거나 외국에 있는 경우 또 외국에 살면서 국내에 묘가 있는 경우 천재지변으로 인해 쓰나미와 같은 재앙으로 시신을 찾지 못한 경우 심지어 한강에서 자살하여 시신을 찾지 못한 가족인 경우에는 어떻게 해야 알 수 있을까요.

그것은 부모형제와 처 나 자식들이 언제 어느 때라도 묘지에서와 같이 고인의 영정을 놓고 묘에서와 똑같은 방식으로 직접하면 된다. 고인의 영정이 없으신 분들은 지방(신위)을 써서 붙이면 같은 효력을 똑같이 느낄 수 있다.


우리는 예부터 제사를 지낼 때 고인의 영혼이 반드시 오시게 되어있다. 제사를 지낼 때 오신 고인이 제사 상위의 음식을 먹기에 맛이 변하는 것이다. 제사상 위의 음식들은 이승과 저승을 이어주는 우주의 공간 통로이며 산 자와 죽은 자의 벽을 넘나드는 영혼의 교감 장소이다. 말 그대로 과거, 현재, 미래로 흘러가는 시간의 강물인 동시에 산 자와 죽은 자의 두 공간이 접속할 수 있는 경계 영역인 것이다. 일반인들은 제사를 지낼 때마다 정말 영혼이 와서 이 음식을 먹거나 할까 하며 궁금해 하는 것은 제사를 지내는 가정이면 누구나 한 번쯤은 의문을 가져보는 대목이다.

우리는 예부터 종교의식을 떠나서 국가의식인 천제단을 통해 천재지변의 변화를 요구하였고, 왕들의 사직단 제사를 통해 후손들과 백성들이 풍요로운 세상에서 살 수 있을 것이라고 믿었다.

조선개국부터 마지막 왕인 순종 때까지 약 500여 년간 왕가의 종묘는 왕과 신하들이 국가의 총력을 기울여 지켜야 할 일급의 비밀처였다. 고인의 영혼이 온다라는 믿음이 없다면 수천 년이 넘도록 국가와 국민이 고인의 제사를 왜 지내겠는가. 수백 년간을 사대부 집안의 종가댁이 지탱할 수 있었던 것도 조상들이 찾아와 음덕을 베풀지 않았다면 지금껏도 앞으로도 지탱이 가능하지 않을 것이다.

무언가 분명히 있기 때문에 수백 년간을 철저히 지켜가며 오늘날에 이르렀다고 생각해야 한다. 그 음덕으로 인해 사대부 집안의 후손들이 지금도 국내외 곳곳에서 성공할 수 있었던 원동력이 되고 있다.


다시 말하지만, 부모님의 영혼이 잘 가신 분은 술맛이 순해지고 음식도 맛있어지고, 못 가신 분은 독하고 쓰고 맛이 없어지는 것을 확연히 느낄 수 있다. 물론 묘가 아닌 영정이나 지방을 놓고 맛을 비교했을 때에도 묘지에서와 똑같은 현상이다.

그래서 어느집 제사 음식은 맛있고, 어느집 제사 음식은 맛이 없는 것이다. 이와 같은 내용을 모르고 그동안 제사 음식을 드신 분들은 전혀 변화된 맛을 모른 채 수십 년간을 지내왔을 것이다. 그러니 지금부터는 당신의 온 집안 식구들이 다 모여 있을 때 이 방법을 토대로 가족들이 음식 맛을 직접 비교해 보기를 바란다.

그동안 관념의 대상으로 보았던 조상의 영혼이 실존의 대상으로 느껴질 때의 그 경이로움은 직접 느껴본 분들만이 전율을 느낄 수 있다. 이젠 당신도 부모님이 잘 가셨는지 못 가셨는지를, 어느 조상님의 영혼이 잘 가셨는지 못 가셨는지를 알 수 있게 되었다.

그러므로 이제부터는 어떤 성직자 분들도 믿지 말고 당신이 직접 확인하고 느껴 보기를 제안한다. 왜냐하면 이 과정은 너무도 중요하기 때문이다. 다른 것도 아닌 부모님과 자식들의 일이기에 본인이 직접 알 수 있는 엄청난 비밀을 알게 되었는데 누구에게 맡기겠는가 말이다.

이제부터는 간단하게 술, 담배로 확실하게 확인해 보자. 당신의 집안부터 선산의 묘에서 직접 해보아도 좋고 사진이나 지방(신위)으로 확인을 해 보아도 좋다.

당신 혼자서 직접 해 보아도 좋고 모든 가족이 모여서 다

같이 해 보길 권해본다. 그렇다면 위와 같은 방법으로 본인의 조상이 아니더라도 가능할까? 한마디로 가능하다.

예를 든다면 친구와 친구 부모님도 가능하며 고인이 된 어느 누구도 이와 같은 방식으로 확인이 가능하다. 서울 동작동 현충원, 국립묘지에 가서 역대 대통령 중 고 박정희 대통령과 이승만 대통령 묘 앞에서 직접 확인해보면, 두 분 중에 한 분은 잘 가셨고, 한 분은 못 가셨다. 그것은 누구나 가지고 간 술이나 담배로 금방 확인할 수 있다.

또 하나 고 이병철 회장과 정주영 회장, 대한민국에 화장문화에 대한 선입견을 바꾸신 고 최종현 회장을 똑같은 방법으로 앞에서와 같이 실험해보면 이 또한 바로 알 수가 있다. 확언컨대 두 분은 맛이 달고 한 분은 맛이 쓰다.

이와 같은 방법으로 억울하게 돌아가신 독립군의 영혼들을 위무 할 수가 있다. 국가를 위해 헌신한 유공자들, 해외에 있는 분들이나 어느 국가의 어느 인물도 똑같은 방법이 가능하다. 이렇게 글을 쓰다 보니 수백 년간 일반인들로서는 도저히 알 수 없었던 비법을 알게 된 것에 혼란을 느끼는 분들도 계실 것이다.


필자는 사주팔자를 보는 역술인도 아니고 굿을 통해 점을 치는 점쟁이는 더더욱이나 아님을 밝힌다. 그러나 종교지도자들이나 상식이 풍부한 학자 분들, 지체 높은 고위관료나 재벌들인 경우에는 확인도 없이 미신으로 치부해 버린다. 그 동안 필자는 국내외에서 도력 높은 성직자인 스님, 목사님, 신부님 앞에서 공개적으로 직접 확인해 주었다.

외국에서 어떤 경우에는 필자에게 따지러 오신 성직자 분도 계셨으나 필자가 직접 보여준 여러 상황을 눈으로 확인하신 후에는 그때서야 필자의 학문을 인정하고 떠난 경우도 부지기수였다.

일반인들이 아닌 성직자 분들 앞에서 영혼에 관계된 비법을 펼쳐 보인다는 것은 확실한 비법 없이 아무나 할 수 있는 것이 아니다. 하물며 아무런 비법도 없이 조상의 영혼을 운운하며 일반인들을 현혹하는 행위는 절대로 있어서는 안 된다.

또한 본인의 상식으로만 세상의 척도를 들이대며 미신이다 아니다 하며 다른 모든 것들과 비교 대상으로만 본다면 필자의 입장에서는 그들이 그저 안쓰러울 뿐이다. 죽은 자의 영혼이 존재하느냐, 하지 않느냐에 대해 수많은 논쟁을 통해서 그동안 수많은 곳에서 확실하게 증명해 보였다. 이렇게 영혼이 존재한다면 어떤 방식으로든 확인하고자 하는 것이 인간들의 심리다.

그동안 일반인들이 영혼의 존재를 확인할 수 있는 방법은 지금까지는 도저히 불가능하였다. 이러한 행위들에 대해 그

동안 마치 수행을 하는 수행자와 종교의 수장들만이 알고 있는듯이 했던 일들을 일반인들도 알 수 있도록 한다는 것에 많은 종교 지도자 분들이 충격을 받을 수밖에 없었다. 하지만 근본적으로 감춘다고 해서 될 일이 아니라고 보는 것이다. 너무도 많은 사람들이 엉터리 주술 같은 것에 피해를 입을 뿐만 아니라 심지어는 패가망신을 당하여 폐인이 된 경우도 허다하기 때문이다. 그러한 피해를 보다 못한 필자가 일반인들에게 어느 누구의 말도 믿지 말고 부모님의 죽은 영혼의 기를 당신 스스로 직접 하라는 뜻에서 앞에서와 같은 방법을 알려준 것이다.

왜냐하면 죽은 영혼의 기운에 대한 향방을 알아야만 당신과 당신 자녀들이 도움을 받을 수 있기 때문이다. 당신에 관계된 모든 것들과 자녀에게 미치는 많은 변화의 영향으로 인해 기뻐할 수도, 상처받을 수도 있기 때문이다.

앞으로 죽은 영혼의 세계에 대해 구체적인 방법으로 설명할까 한다.

또한 영혼천도를 통해 나에게 어떤 변화가 올지 어떤 영향이 미칠지 그 내용에 대하여 살펴보고 증명할까 한다.

# 3
## 훌륭한 자녀를 만들려면
## 가짜가 아닌 진짜 비법을 써야 한다

우리는 지금 핵가족 시대를 살아가고 있다. 그렇다 할지라도 어느 누구에게나 조상은 있고 우리는 그 수많은 조상님의 영향을 받고 살아간다. 그것이 좋은 영향이든 나쁜 영향이든 그것은 하루아침에 나타나고 사라지는 것이 아니다.

태아 때부터 깃들어온 영혼은 그때부터 서서히 진행되고 부지불식간에 결과로 나타나기 때문에 얼마나 어떻게 영향을 받는지 우리가 미처 알지 못할 뿐만 아니라 알려고 하지도 않고 살아가고 있을 뿐이다.

그러나 어느 날 갑자기 나에게 또는 가족에게 불행이 찾아오면 그때부터 불행의 원인에 대하여 작은 것까지도 그 의미를 부여하기 시작한다. 우리에게 직접적인 영향을 주는 조상님을 편의상 직계로 나누어 설명하면 직계 조상님들은 5대조까지 나눌 수 있다. 얼굴도 모르는 5대조 조상님의 영향을 받는다는 사실이 놀라울 것이다. 부모님이 살아 계시면 총 여덟 분이고 부모님이 돌아가셨다면 열 분의 직계 조상님들의 영향을 받는 것이다. 그 중에는 잘 가신 분도 계실 것이고 못 가신 분도 계실 것인데, 잘 가신 분은 자손들을 도와주시고 못 가신 분은 후손들에게 도와 달라고 나쁜 기운으로 찾아오신다. 그렇다면 5대조(열 분)에 대한 영혼이 잘 가셨는지 못 가셨는지를 어떻게 알 수 있을까.

이것 또한 앞에서 설명한 바와 같다.

만일 가까운 시일 내에 제사가 있다면 식구들이 다 모여 있는 상태에서 지방(신위)을 쓸 때 이렇게 쓰고 하나하나 바꾸면 된다.

| | |
|---|---|
| 홍길동 부 영가신위 | 홍길동 모 영가신위 |
| 홍길동 조부 영가신위 | 홍길동 조 영가신위 |
| 홍길동 증조부 영가신위 | 홍길동 증조모 영가신위 |
| 홍길동 고조부 영가신위 | 홍길동 고조모 영가신위 |
| 홍길동 5대 조부 영가신위 | 홍길동 5대 조모 영가신위 |

이렇게 한 분 한 분마다 개별적으로 실험을 하게 되면 마찬 가지로 술, 담배 등 장만한 음식 맛이 모두 달라진다. 이때 번 거로움을 덜기 위해서는 술이나 담배로 하는 것이 무난할 것 이다.

이때 술맛이나 담배 맛이 순하거나 달게 느껴지면 잘 가신 분이기에 신경 안 써도 되나 10분 중 누구라도 맛이 탁하고 쓰면 잘못 가신 영혼이시니 그 조상님을 각별히 신경 써야 함 은 물론이다.

그 동안 국내외에서 있었던 많은 상담 중 일본에서도 훌륭 한 자녀를 만들기 위해 노력하는 것은 우리와 다를 바 없다.

그중 특이한 경우를 말해볼까 한다.

일본 동경 있을 때 낙태와 유산으로 인해 고민하던 중 주지 스님의 천거로 필자를 은밀히 찾아오신 분이 계셨다. 일본에 서는 낙태와 유산으로 상담을 해올 경우라도 은밀히 찾아오 는 경우는 없기에 필자도 조금은 의외라고 생각했다.

찾아오게 된 내용이 현재 남편과 결혼 전에 각기 다른 남자 로부터 다섯 번의 임신을 하였고, 다섯 번의 모두 낙태 또는 유산을 하였다고 하면서 어찌했으면 좋겠는가를 의논했다. 이 여성분은 일본에서도 이름만 대면 알 정도의 명문집안 여 성이었다. 그런데 문제는 현재의 남편과 3명의 자녀를 두었는데 어느 날부터 가족에게 불행이 찾아와 너무나도 힘들다고 호소하는 것이었다.

일본 내에서 특별히 낙태와 유산을 전문적으로 구명시식을 해주는 절에서 천도를 하였지만 효험을 못 보던 차에 주지 스님의 추천으로 한국에서 온 원효대사의 마지막 제자 분이 일본에 계시다고 해서 이렇게 찾아오게 되었다고 했다.

일본에서는 일심(一心), 화쟁(和諍), 무애(無碍)로 요약되는 원효대사의 학문과 사상은 중국, 일본, 인도에까지 영향을 끼쳤으며 일본에는 원효를 부처와 동격인 명신(明神)으로 추앙하고 있다.

그 날 그 여성의 이모와 언니 세 명이 보는 앞에서 실험의 성격을 설명하고 낙태와 유산을 한 다섯 명의 영아 영혼을 하나하나 확인시켜 주었다. 천도 후 맛 자체가 달고 순하게 변하는 것을 직접 확인하였고 죽은 영아들로 인해 지금의 자식들에게 어려움이 미쳤던 것을 풀어 해결해 주었다.

현재는 그때 좋은 결과로 인해 그 집안과 좋은 인연을 유지해 오고 있다.

흔히 이와 같은 현상을 통칭 '원귀'가 붙었다고 말한다. 이 원귀가 많은 사람일수록 불운과 악재가 끊이질 않는다. 대체로 원귀 숫자와 실패의 정도는 비례한다. 낙태와 유산을 많이 하고, 사업에 실패하고 거리의 노숙자가 되고, 끝내는 자살까지 하게 되는 것은 원귀의 수가 기하급수적으로 늘어나고 그 악영향에 자신도 모르는 점점 죽어가는 것이다.

이렇게 찾아오는 원귀들이 붙어있다면 어떻게 하든 잘 보내 주어야 한다. 못 간 영혼이나 원귀를 잘 가게 한 후 다시 과일, 담배, 술로 재확인하면 맛이 달고 순하게 변해 버린다. 영혼의 속도는 빛보다 빠르기에 맛이 변하지 않으면 잘못된 것이다.

말이 쉬워서 실험이지 요즘같은 과학의 시대에 영혼이니 원귀니 하는 것도 믿지 않는 세상에 멀쩡하던 술맛이나 담배 맛이 별안간 입에 대기 힘들 정도로 써 지거나 탁한 맛이 다시 순하고 부드럽게 돌아온다는 것이 말로해서 쉬운 것이지 이것은 성직자들에게는 충격이며 경천동지할 내용이며 세상 이 발칵 뒤집혀질 엄청난 사건이다.

원래의 맛→쓰고 탁한 맛→순하고 부드러운 맛으로 변함

왜냐하면 수천 년 수백 년간 보이지 않던 현상이 존재하는 순간을 과학으로도 입증 못한 현상자체를 본인이나 가족이 느낄 수 있다는 불가사의를 직접 접했을 때의 반응은 말 그대 로 경이의 순간이기 때문이다. 어깨 결림, 두통, 종기, 몸의 컨디션 특히 운동선수가 있는 집안이면 더욱 확연하게 느낄 수 있는 현상이 즉시 찾아오는 상황이 벌어진다.

제일 빨리 느끼게 되는 것은 머리가 맑아지는 것이다.

더불어 피로가 회복되고 특히 동양의 신비사상에 바탕을 둔 비법을 처음에는 호기심으로 바라보던 서양 사람들이 필자와 접하게 되면서 종교를 떠나 신비로움 그 자체로 여겼다. 이제 당신에게 지금까지 조상의 기가 자손에게 어떻게 영향을 미치는 지와 잘 가시고 못 가셨는가를 알 수 있는 방법을 말해 주었는데, 이와 같이 '천도'를 하든 '연도'를 하든 못 가신 분들 잘 가게 했으면 분명하게 기가 바뀌고 맛이 변하면서 당신은 물론이고 자녀들에게까지 영향을 미친다.

사업의 성공과 자녀들의 성공을 무조건 기대해도 좋다. 또한 조상들의 영혼이 존재한다고 할 때 가장 큰 영향을 미치는 것이 새로 태어날 태아에게 가장 큰 영향이 미친다.

지금 당신은 어디에서 이 책을 보고 있는가?

혹시 병원 영안실이거나 상가 집이라면 필자가 앞에서 하라는 대로 술이나 담배로 직접 실험해 보길 바란다. 살아있는 자손들은 부모님이 돌아가시면 죽은 망자가 잘 가시라고 종교에 따라 기도, 연도, 천도를 대부분 해드리는 것으로 안다.

그리고 영혼이 눈에 보이지 않으니 목사님, 신부님, 스님한테 고인이 잘 가셨냐고 물어보면 대부분 수행자들은 당신 스스로가 주관했기 때문에 아주 편안히 고인이 하늘나라로 잘 가셨다고 한다. 당신은 당연히 궁금할 것이다.

이때 앞에서 언급했듯이 어느 누구의 말도 믿지 말고 당신이 직접 끝난 후에 영정이나 묘 앞에 놓아둔 담배와 술의 맛이 순하고 부드럽게 변해있어야 잘 가신 것이다. 맛이 쓰고 목에 탁 걸리면 여전히 못 가시고 구천을 떠도는 영혼이다.

수행자가 진행한 천도와 연도는 말 그대로 헛심만 쓴 공염불일 뿐이다. 비법도 없는 분들이 어설픈 몸짓과 지식으로 하는 의식이야말로 위험하기 짝이 없는 행동이다. 거듭 강조하지만 가짜가 아닌 진짜 비법으로 해야지 만이 원하는 복과 덕을 받을 수 있다.

화장을 한 부모님이나 가족, 시신을 못 찾은 가족의 시신, 천재지변으로 인해 현장에서 망자를 제사 지낼 경우, 외국에서 살면서 국내 선친 및 조상 묘를 찾아뵙지 못할 경우에는 정성껏 상을 차리고 지방을 쓰고 고인의 사진을 놓고 술과 담배 맛의 변화를 확인해 보도록 권한다.

위와 같이 했을 경우에도 묘에서와 똑같은 —순하든 독하든— 결론이 나게 되어있는데 자식의 심정이란 부모님이 만약 못 가셨다면 나의 일이 잘 풀리고 안 풀리고는 둘째 치더라도 마음이 편하겠는가?

그런 경우 당장은 아니더라도 언젠가는 부모님 영혼이 잘 가시게 해 드려야 하는 것이 자식된 도리라고 생각한다. 처음부터 잘 가신 영혼은 해 드릴 것이 없고 못 가신 영혼을 꼭 잘 가시게 해드려야 한다. 형식적 의식에 그럴 것이 아니라 진짜로 잘 가시게 도와드려야 죽은 망자에게 드리는 마지막 효도가 될 것이다.

이해를 돕기 위해 추가로 관습적으로 행하는 불교의식의 문제점을 설명하고자 한다.

불교에서 말하는 '49제'는 위의 높으신 분께 고인이 좋은 판결을 받을 수 있게 기원해주는 자손의 정성이다. 그런데 불교 신자들은 '49제'만하면 누구나 잘 가신 것으로 알고 계신다. 그러나 결단코 그렇지가 않다. '49제'란 인간이 죽으면 매 7일 마다 일곱 번 재판 받는 것을 말한다. 그분이 판결을 잘 받고 좋은 곳으로 가셨는지는 누구라도 같은 방법으로 실험을 해보면 곧바로 알 수 있다.

예를 든다면 어느 분이 돌아가셨을 때 돌아가신 날부터 7일 후와 매 7일마다 고인의 사진이나 지방을 써서 붙이고 직접 확인해 보길 권한다. 만약 잘 가셨으면 그것으로 고인은 좋은 세상에 가신 것이니 염려하지 않아도 괜찮은 것이고, 못 가셨으면 또 7일 후에, 또 못 가셨으면 7일 후에…… 이러한 방법으로 49일 동안 7회 재판을 받으며 그때마다 실험과 확인을 통해 직접 음식과 담배와 술맛을 보면 고인의 상황을 확실히 알 수 있다.

그렇다면 역 발상을 해보자. 7일, 14일, 21일, 매 7일마다 맛이 쓰고 탁하면 맛이 28일째에는 쓰던 맛이 다시 달게 변했다는 것은 어떻게 설명이 가능하겠는가, 영혼의 세계가 존재한다는 것이 증명이 되는 것이고 자손의 정성에 따라 못 가신 영혼을 잘 가실 수 있게 바꿀 수 있다는 결론이 성립된다.

의례적으로 남이 하니까 나도 하는 49제와 확실한 믿음을 갖고 시행하는 천도제와는 근본적으로 다르다는 것을 알려주는 것이다. 어떻게 하는가에 따라 하늘과 땅 만큼의 차이가 난다는 것을 명심해야 한다. 만약 마지막까지 좋은 판결을 못 받으면 영영 못 가시고 구천을 떠도는 원혼이 되어 자손에게 영향을 미치게 되는 것이다.

스님이 목탁을 치며 천도하시는 것은 죽은 망자에게 이승의 모든 영화와 탐욕을 벗어버리고 저 세상으로 잘 가시라고 기도를 해주는 의식인 것이다. 이는 이승에서의 변호사 역할이지 판사의 역할이 아님을 다시 한 강조한다.

유명한 성철 스님은 3주 째 좋은 판결을 받고 좋은 세상으로 가셨다. 이렇게 심판 받는 과정에 잘 가신 경우라면 아무 문제는 없다. 문제는 아무리 권세가 높고 돈이 많고 명성이 하늘을 찌르던 분이라도 못 가는 경우가 문제가 된다. 못 가신 영혼이 자손들에게 안 좋은 영향을 끼치게 되기 때문이다.

필자가 다시 한 강조하건데 잘 가신 분에게는 아무것도 해

드릴 필요가 없는 것이고, 영영 못 가시고 떠돌며 당신에게 꿈으로라도 찾아와 도움을 호소하시는 원혼을 반드시 천도를 해야만 자손들에게 성공과 영광이 보장됨을 알아야 한다. 천도를 했을 경우에는 천도 후에 영혼의 기가 바뀌었는가를 반드시 확인해야 한다.

바뀐 것이 확인이 되면 어느새 당신과 자녀들에게 곧바로 엄청난 변화가 찾아 온 것을 느끼게 되고, 정말 신기할 정도로 머리가 맑아지고, 그 동안 쌓였던 피로가 말끔히 없어질 것이다.


필자가 강조하고 싶은 것은 사업이 망하기 전에 병으로 인해 아프기 전에, 계획이 실패하기 전에, 결혼하기 전에, 이혼하기 전에, 자녀들이 건강하고 탈 없을 때, 부모님이 건강하게 살아 계실 때 즉 액운이 닥치기 전에 미리미리 예방을 하라는 것이다.

당신과 가족에게 불시에 찾아올 불행과 재앙을 미리 막아준다면 미리 예방 안 할 이유가 어디 있는가. 본인이 이제 알고도 차일피일 미루고 있다가 불행과 재앙이 닥쳤을 때 후회하지 말고 현재 사업이 승승장구하고 자녀들의 효도가 지극하여 행복할 때 또한 당신과 자식들이 커다란 꿈을 갖고 정진할 때 반드시 부모님과 조상의 영혼을 확인할 것을 권한다.

행복과 불행이 계속 순환되는 가정 하에서 어느 누구도 예외가 될 수 없음을 명심해야 한다. 사람들은 왜 건강이면 건강, 사업이면 사업, 자녀면 자녀들이 문제가 생기거나 다급해지면 다 망해서, 더 이상의 한 치의 여유도 없는 막다른 골목에 몰리고 나서 필자에게 막무가내로 매달리며 뒤늦게 후회를 하는지 그저 안타까울 뿐이다. 거듭 강조하지만 제발 이런 우를 범하지 않았으면 좋겠다. 본인의 행복한 미래를 위해서는 물론이요 사랑하는 자녀를 위해서라도 신경을 써야 할 것이다.

필자의 부탁을 그냥 허투루 넘기지 말기를 바란다. 모든 부모님 마음이야 자녀가 잘 되기를 바라는 마음에 자녀에게 풍족한 환경에서 좋은 교육을 받으며 외국 유학을 보내는 것도 중요하지만 그것이 전부 만은 아니다. 어려서부터 아니 뱃속에서부터 발복된 조상의 기를 받을 수 있게 한다면 이것보다 더 좋은 금상첨화는 없을 것이다.

잘 가신 조상님들의 맑고 좋은 기를 받고, 무한정 후손을 도와주시는 선대 조상님들의 '발복기운' 을 받고 성장한 자녀는 무엇이 달라도 다를 뿐 아니라 당연히 훌륭한 사람이 될 것이다.

실제로 어느 집안을 보면 어려운 와중에 어머님이 돌아가시고 난 뒤에 집안이 더욱더 번성하는 사례를 많이 보아왔다.

이렇게 부모가 원하는 성공과 행복한 인생을 자식들이 살아 가게 될 것이다.

결혼을 앞둔 예비신랑·신부와, 사업하느라 수많은 번뇌와 고민에 쌓인 분들은 하루 빨리 부모님과 조상의 안부를 확인하는 것만이 고인뿐만 아니라 본인과 자녀들에게 모든 인생사와 불행의 원인으로부터 해방될 수 있다. 당신이 정말 훌륭한 자녀를 만들고 싶다면 외국유학이나 명문대에 보내려고 애쓰지 말고 부모님의 영혼천도를 함으로써, 당신과 자녀들이 효를 통하여 먼저 인격을 수양하고 가족을 중시하며 자신을 사랑하여 당신이 바라던 큰 인물이 될 수 있도록 기본부터 갖춰줘야 한다.

한시라도 늦추지 말고 돌아가신 부모님과 할머니, 할아버지와 함께 직계 5대조 조상님까지만 확인토록 하여 형식에 지나지 않는 가짜 천도가 아닌 진짜 비법의 천도를 하기 바란다.


태조 이성계는 진짜 천도를 함으로써 조상의 발복기운으로 새 세상을 열었고, 수없이 많은 조상들이 이 영향을 받고 발복된 조상의 기운을 받음으로써 수백 년간을 사대부 집안을 지탱해 오고 있다. 아직도 수많은 종택의 자손들을 보라. 사회 곳곳에서 대한민국을 이끌어 가는 지도자들 대부분이 조상님들의 발복기운을 정성껏 받기 위해 정기를 한곳으로 모으려고 애쓴다. 이렇게 발복된 기운으로 당신과 자녀들이 성공하고 큰 인물이 되어서 국가와 사회에 도움이 되고 행복해질 수 있도록 미리미리 예방하기를 정말 간절히 바라는 심정이다.

훌륭한 자녀를 만들고자 애쓰는 부모님들이라면 조상님들의 발복기운 없이 훌륭한 자녀 나오기를 기대하기 어렵다는 것을 알아야 한다.

훌륭한 자녀를 만들기 위해서는 어떻게 어떤 노력을 해야 하는지 조금 더 깊이 알아보도록 하자.

# 4
홀륭한 자녀는
이렇게 만든다

우리 모두는 누구나 행복을 꿈꾸고 행복을 바란다. 불행하고 싶은 사람, 고통 받고 싶어 하는 사람, 실패하고 싶은 사람은 하나도 없다. 그런데 왜 누구는 행복하고, 누구는 불행한 것일까?

아니 왜 행복을 누리고 사는 사람은 적고, 불행하게 사는 사람은 더 많을까? 그럴 바에는 애초에 못살게 하든지 해야지 한참 성공가도를 달리고 있고 너무도 행복한데 하필 이럴 때 꼭 꺾어놔야 하는 것인지. 도대체 무엇이 잘못된 것일까?

그 이유는 단 한가지이다.

내가 잘못되어 있으니까 그렇다. 나의 부모님과 조상님들이 어떤 상황에 처해있는지 관심도 없고, 기본도 챙기지 못하는 어리석음에 빠졌고, 제대로 알지도 못하면서 조상하면 무조건 무시하고 배척하는 교만에 빠져있는 내 자신의 잘못 때문이다. 그렇지 않고서는 지금 밀어닥친 불행이 도저히 설명이 안 된다.

부모님과 조상님들의 영혼이 잘못되어 있으니 끊임없이 찾아오는 원귀에 맞고 눌리고 희생되고 죽어간다. 특히 자살에 대한 허망함은 가족과 주변 사람들을 공황상태로 몰고 간다. 지하철 사고로 죽고, 천재지변으로 인해 여행지에서 불귀의 객이 되고, 길 가다 강도당하고, 도저히 설명이 되지 않는 일들이 주변에서 끊임없이 벌어지며 나를 불안에 휩싸이게 만든다. 우연이든, 필연이든, 천재지변이든 사건과 사고가 주변에 끊임없이 발생하는 근본적 원인은 반드시 있기 마련이다. 우리 모두는 그 근본 원인이 운명이라고 나약하게 정의 내리지 말고 근본 원인을 반드시 알아내어서 예방하는 적극성을 갖춰야 한다. 부모님과 조상님의 영혼을 확인하는 것은 이제 당신에게 어려운 것은 아니다. 성공, 출세, 고시합격, 암 예방, 행복의 길, 명문대학 합격 등 훌륭한 자녀를 가질 수 있는 가장 간단한 원리를 이제는 적극적으로 받아 들여야 한다.

눈으로 보고 몸으로 직접 체험한 일종의 영혼접속 과정은 그야말로 세상이 깜짝 놀랄만한 내용이다. 당신 말고 지금도 국내외 수많은 사람들이 숨가쁘게 영혼의 접속과정을 스스로 할 수 있다는 체험과정에 놀라움을 금치 못하고 있다. 특히 일본 등 아시아인들보다 서양인들의 표현이 더 직설적이다. 아직까지 서양인들 중에 일반인을 대상으로 하지는 않았지만 귀족들을 상대하면서 느낀 점은 지나치다 싶을 정도로 욕심적다라는 것이다. 필요한 후원금을 낼 테니 자국 내에서 자신들만의 가문에만 국한되게 발복기원을 해달라고 요청한다.

그녀들도 종교와는 무관하게 직계 조상 5대조를 한 분 한 분 실험하여 조상 영혼의 존재를 찾아서 확인시켜주었다. 한 번 믿기 시작하더니 무섭게 적극적으로 매달린다. 그분들은 동양의 신비사상을 인정하고 도움 받기를 절실히 원했다. 말이 필요 없이 직설적 표현으로 때로는 필자를 당황스럽게 만들기도 하였으며, 한번 믿기 시작한 그들의 앞 뒤 가리지 않는 저돌성에 필자가 도리어 놀라움을 금치 못했다.

필자는 독자 분들에게 꼭 하고 싶은 말이 있다. 대한민국에서 세계에 내놓아도 자랑할 만큼 슈퍼스타가 존재한다는 것을 외국에 알리고 싶었다. 세계적 명성을 바탕으로 어마어마한 후원금을 조성하여 세계에 흩어져 있는 독립군의 얼과 국가를 위해 애쓰다 순국한 영혼을 달래는 것이 목표임을 알리고 싶다.

한국인임을 자랑스럽게 알리고 싶고 자긍심과 성취감을 제자들에게 심어주고 싶다. 나의 조국 대한민국의 존재를 알리고 싶고 유구한 역사와 1,350년 전의 위대한 사상가가 한반도에 존재했음을 알릴 것이다. 외국에서 그들의 관심도 우리네와 마찬가지로 가장 관심 있는 분야가 바로 훌륭한 자녀 만들기이다. 그들이 필자에게 절대적 신뢰감을 갖고 믿고 있는 것은 "하면 변한다" 는 것이다. 이것이 그들을 움직이게 한 결정적 동기이다.

부모님들의 큰 관심인 훌륭한 자녀 만들기는 간단하고 한가지 원리로서 어느 민족이든 어느 나라든 똑같이 적용된다. 우리는 태어나서 죽는 그 순간까지 눈에 보이지 않지만 조상영혼의 기운을 받게 되어 있다. 어머니 뱃속에서부터 영향을 받기 시작하여 목, 화, 토, 금, 수에 의해 오장육부에 직접적인 기(氣)를 받고 성장하며 나이를 먹으면 육신뿐만 아니라 정신과 운명에 결정적 영향을 미치게 된다. 직계 조상 5대조까지 직접적인 영향을 미치게 되므로 우리가 살아가는 동안나에게 찾아오는 원귀를 잘 보내야 한다.

왜냐하면 이 세상을 떠도는 수많은 원혼들 중에 집과 건물등 모든 장소에는 무조건 그 터를 지키는 터 귀신이 존재하고그 영향을 받는다고 봐야하기 때문이다. 미신으로 보면 안 된다. 문제는 직접 확인이 되기 때문이다.

물론 잘 가신 영혼은 해드릴 필요가 없다. 그리고 본인 집안과 상관없는 타 영혼들이지만 당신에게 찾아와 도움을 구하려는 원귀를 찾아내어 정성껏 모셔드리고 당신이 생활하는 집, 건물, 회사 등의 터 귀신을 당신이 직접 확인하여 진짜 천도를 해 드리면 정말 희한하다 싶을 정도로 확연한 변화를 느낄 것이다.

성공, 출세, 올바른 자녀는 결코 멀리 있는 것이 아니다. 필자가 지난 10여 년간 조상천도를 집행해 오면서 공통적으로 드러나는 몇 가지 현상에 대해 첨부할까 한다.

우리 후손에게 강력한 영향을 많이 미치는 조상의 기운 중 가장 강하고 직접적인 영향을 주는 영혼이 있다. 바로 할아버지, 할머니의 기운이다. 부모 된 사람으로서 자기 자식 귀하지 않고 자기 자식을 위한 것이라면 무슨 일이든지 못할 사람은 없을 것이다.

특히 요즘은 자녀가 한 두 명이다 보니 그 귀애함의 정도가 지나칠 정도이다. 필요하면 무엇이든 사주고 자녀교육에 아낌없는 돈을 들이고 자녀의 성공과 행복을 위해서는 외국유학은 기본이고 성형수술에 좋은 혼처를 찾아주기 위해 과감한 투자까지도 아끼지 않는 세상이다. 이러한 자식 사랑을 무조건 나쁘다고 볼 수만은 없다.

세상을 살아가는데 조부, 조모, 부모와 자식의 인연은 천륜이기 때문이다. 다만 한 가지만 부탁하고자 한다.

훌륭한 자녀를 원하고 자녀와 손자들의 행복한 앞날을 만들어주고 싶다면 꼭 기본적으로 해야 할 일이 있다. 내 손자들이 잘되기를 바라고 훌륭한 자녀로 키우고 싶다면 기본적으로 꼭 해야 하는 일이다. 살아 계신 동안은 물론이요 돌아가신 부모님의 영혼부터 꼭 살펴봐야 한다는 것이다. 아직도 그런지 아닌지 고개가 갸웃거린다면 정말 큰일이다. 필자의 말을 믿고 무조건 해보길 정말 권한다.

할아버지 할머니이든 부모님이시든 만약 잘 못 가셨다면 이것은 열일 제쳐두고 반드시 정성껏 진짜 천도를 해드려야 한다. 필자를 믿고 정말 해보면 당신은 깜짝깜짝 놀랄 일이 한두 가지가 아니다. 즉시 효험을 보는 것은 물론이고 세상에 이런 학문과 비법이 대한민국에 존재한다는 것에 경탄을 금할 수 없을 것이다. 살아계신 분이나 돌아가신 분께도 자손으로서 효를 행하지 않고는 당신의 자녀가 잘 되기를 바란다는 것은 정말 어리석은 일이다. 당신이 고민하는 것이 자녀들이라면 자녀들의 사진을 갖고 와 주기 바란다. 예비신랑, 신부면 신랑, 신부사진 한 장만 있으면 당신이 알고 싶은 것을 알 수 있을 것이다. 자녀들이 원하지 않는 결혼을 강행하려 할 때 부모님이 직접 와서 상대방이 어느 동네에 살고 이름만이라도 알게 된다면 영혼접속을 통하여 어떻게 변화되는지 당신의 궁금증을 해결해 줄 수 있을 것이다. 성공과 출세도 하고 싶고, 훌륭한 자녀도 만들고 싶고, 가족도 행복하게 만들어 가고 싶은데 현실적으로 당신에게는 방법이 없지 않은가.

그렇다고 이대로 무너질 수도 없는 상황이라면 5대조까지 못 가신 영혼을 찾고 원귀가 몇 분 있는지 찾아내어 가짜가 아닌 진짜 원효대사의 비법으로 천도를 하고, 안 좋은 영혼의 기를 좋은 영혼의 기로 바꿔줌으로써 당신이 간절히 원하는 그 다음의 목표를 달성하기 바란다. 그러면 잘 가신 영혼은 당신과 후손을 무조건 도와 줄 것이다. 이렇게 할 때 제일 중요한 것은 의식만 동원된 가짜가 아닌 진짜 원효대사의 비법을 통해 죽은 영혼을 발복된 기운으로 바꾸고 그 기운을 당신이 받아야 한다는 것이다.

매 년 하는 천도제란 있을 수 없다. 나쁜 영혼이 좋게 되었는데 무엇 때문에 연중행사로 다시 천도제를 해야만 하겠는가. 그것은 가짜일 수밖에 없다. 역사의 길목에 있던 큰 인물과 영웅들, 성공한 사람과 기운이 뻗어나가는 집안을 보면 예외 없이 발복된 기운을 지금도 받고 있다는 사실을 당신은 알아야 한다.

발복된 기운을 당신이 직접 느끼면서 '아! 바로 이것이 발복된 기운이구나.' 하고 느끼면 당신이 지금껏 아니라고 부정

했던 상상이 무너지면서 성공한 사람들이 왜 성공했는지 감을 잡게 될 것이다.

조선을 개국한 태조 이성계가 보리암에서 세상을 바꿀 수 있는 기운을 달라고 빌었을 때가 바로 조상님들의 발복기원이었다. 그 이후 조선왕조 500년간 예외 없이 국사를 통해서 죽은 선대왕들의 발복기원을 지금도 하고 있다는 것을 당신도 알아야 한다.

현재도 수없이 많은 천도제가 전국에서 진행될 텐데 이것 대부분이 가짜라고 할 수 있는 용기가 없으면 비법은 없는 것이다. 함부로 말했다가는 엄청난 시련을 각오해야 하기 때문이다.

믿음은 태산도 옮기는 법이다.

필자가 이렇게 진실되게 호소하는 근본적인 이유도 아무리 세상이 변해간다 해도 부모자식간의 효가 무너진다면 결국 사회기강이 무너질 것이고, 이렇게 무너진 사회가 분열을 일으키면서 또 다시 세계열강 틈에 끼어 있는 우리나라의 장래는 불을 보듯 뻔한 일이기 때문이다.


일제 36년도 6·25 전쟁으로 모든 보물과 문화유산이 흔적도 없이 사라졌다. 또 다시 이북과의 전쟁이 없다고 보장할 수도 없으며 세계열강의 식민지화가 안 된다는 보장도 없다.

결국 이 험난한 조국의 미래는 자라나는 새싹과 푸른 청소년들의 기개와 웅혼한 힘이 국가와 민족을 지킬 수 있다.

필자가 이렇게 험난한 가시밭길을 왜 걷는 것인지 모른다며 제자와 주변의 많은 분들이 걱정을 해주기도 한다. 소위 제자들 말마따나 10여 년간을 쉬지 않고 국내외로 뛰어다니고 정부관계자들을 만나 동분서주하면서 국립묘지 일곱 군데에서 정례적인 국가유공자를 위한 영혼 천도제를 해야 한다며 설득하며 다니는 것을 보고 무모하게 고생하지 않아도 될 텐데 왜 이렇게 고생을 사서 하는지 모르겠다며 불만과 안타까움을 내 비치기도 한다.

그러나 필자는 일심(一心)을 굽힐 생각도 없고 그럴 의사도 전혀 없다. 지금 대한민국을 보면 매국노의 후손들의 뻣뻣하게 후안무치를 앞세워 땅을 찾기 위해 국가를 상대로 송사를 벌일 때 정작 독립을 위해 돌아가신 영웅들을 국가가 얼마나 공을 들여 돌보아 주는지 궁금할 뿐이다. 국가의 힘이 여기까지 미치지 않는다면 나 한사람만이라도 도와야 되는 것이 이 땅에서 태어나고 살고 있는 후손이 할 수 있는 마지막 도리이자 효라고 생각하기 때문이다. 당신은 조만간에 독립군 자손들이 성공하여 잘 살 수 있도록 특별한 조치를 볼 수 있을 것이다. 곧 결실을 맺게 되면 공표할 예정이다.

당신의 자녀가 성공한다면 그것은 당신만을 위하는 것이

아니라 이 사회와 국가에도 도움이 되기에 당신과 나 우리 모두가 합심하는 마음으로 진실되게 전하는 것이니 단단한 믿음을 가지길 부탁한다. 그러기 위해서는 어느 것이 진실이고 진짜 비법인지 공개할까 한다. 그때 당신의 귀와 마음이 훤하게 열리는 기분을 느낄 것이다.

끝으로 훌륭한 자녀를 원하는 당신에게 부탁한다.

자녀의 미래가 중요하듯 우리의 조상님들의 과거도 중요하다. 조상님의 영혼이 잘못되어 끊임없이 찾아오는 원귀에 맞고 눌리고, 희생되는 당신과 자녀를 원치 않을 것이다. 그러므로 반드시 5대조까지 조상님들 중에서 못 가신 영혼들을 꼭 찾아내어 편히 모셔드려야 할 것이다.

그 방법이 당신이 잘되고 자녀가 훌륭하게 성장하는 첫 번째 길이 될 것이다.

# 5
어느 것이 진실이고
진짜 비법인지
공개적으로 이야기 해 봅시다

필자가 원효대사 영혼철학 학문을 세상에 알리고
자 그간 다사다난했던 숱한 세월을 국내외에서 보내며 십여
년간 책도 쓰고 제자도 가르치며 한국과 일본에 원효사상 연
구원을 개원하여 수많은 분들과 상담하고 증권사에서 요청한
특별한 강의도 하면서 특별히 대화하려고 했었다.

지금까지 필자를 찾아오셨던 많은 스님, 목사님, 신부님,
역술인, 무속인, 기 수련인들이 종교와 종파를 떠나 각자 저
마다의 신념으로 본인의 학문과 이론으로 무장하고 말 그대
로 필자에게 한 초식 잡고 덤벼들었다. 그러나 결국에는 모든
분들이 고개를 숙이고 인정하며 발걸음을 돌리는 것이 어찌

쉬운 일이겠는가.

필자가 보이는 학문의 실체를 본인이 스스로 확인할 수 있게 일일이 조상 영혼을 불러내고 찾아서 영혼의 기를 바꾸어 놓으면 깜짝 놀라지 않은 분이 한 명도 없었다. 특히 그분들은 이론은 화려하나 결정적인 실체가 없다.

필자가 제안한 것 중에 죽은 영혼에 대해서 천도 연도를 제대로 하실 수 있습니까? 진짜로 죽은 영혼의기를 원하는 대로 바꿀 수 있는 비법이 있으십니까? 라고 제안하면 지금까지 자신 있게 나서는 분을 한 명도 보지 못했다. 오히려 본인과 자신들 집안의 천도를 부탁한다면서 자신의 이야기를 다른 분들에게 하지 말아 달라고 신신당부를 하곤 하였다.

필자를 만난 어느 종교지도자 분은 필자같은 사람이 세상에 나오면 큰 혼란이 올 텐데 하면서 알 수 없는 말씀만 하시고 떠나신 분도 계셨다.

필자는 이 지면을 통해 다시 한 번 강조하는바, 필자의 이론과 학문에 대해서 대한민국, 일본 아니 전 세계 어느 종교의 성직자이든 역술인, 기 수련원인 영혼연구가이든 누구라도 좋다. 자신의 학문과 영혼천도에 대해 목숨을 걸고 대결할 자신이 있는 분이면 공개석상에서 각자의 종교와 학문에 대해 의논하고 실험과 실체를 서로 간에 확인해 보자고 제안하고 싶다.

화려한 이론보다는 실전이 필요한 시대이다. 해 보았다는 것이 중요한 것이 아니라 "하였더니 나에게 영험의 도움으로 엄청난 신체적 변화를 느끼고 도움이 되었다는 것"이 중요한 것이다. 신도가 많은 종교라고 해서 진짜이고 필자처럼 방외지사로서 직접 경천동지 할 학문을 직접보고 느끼게 해주는 데에도 의심을 해서는 정말 안 된다.

필자가 이렇게 극단적으로 강력하게 말하는 것은 내 스스로가 잘 나서가 아니다. 물론 훌륭한 종교를 비방하자는 것은 더더욱 아니다. 다만 비법도 없이 진실을 오도하고 거짓말하며 세상을 속이고, 선하고 정말 절실한 사람들을 속이는 종교인에게 더 이상은 안 된다고, 천벌 받는다고 말해주고 싶기 때문이다. 정말로 사람들을 현혹시키는 일은 더 이상 해서는 안 된다. 하느님을 팔고, 부처님을 팔고, 영혼을 팔아 선량한 시민들을 현혹하고 거짓말을 하는 것은 더 할 수 없는 죄악이고 씻지 못할 업보를 짓는 것이기 때문이다.

아니 그분들 스스로가 너무도 잘 알고 있을 것이다. 종교인, 성직자는 신의 가르침을 열심히 배우고 익혀서 일반 사람들이 착하고 올바르게 살아갈 수 있도록 신의 계율을 잘 전달하고 다른 사람보다 더욱더 열심히 마음을 수양하며 살아가야 하는 중개인일 뿐이요 남들과 같은 속죄인일 뿐이다. 우리가 사람이 죽으면 49제를 지내드리고 연도 추도예배를 드리는 것은 죽은 영혼이 신께 좋은 판결을 받을 수 있도록 기원해 주는 것이요, 우리를 대신하여 정성껏 기도를 해 주는 것이 성직자, 종교인의 역할이다.

이렇듯 종교인은 변호사의 역할이지 판사의 역할을 하는 것이 아니다. 그런데 많은 성직자 분들은 자신이 목탁 몇 번 두드리고 나면 죽은 망자가 좋은 곳으로 잘 가셨다고 말하고, 기도 몇 번하고 의식을 몇 번 행한 후 하느님을 잘 믿고 교회 열심히 다니셨던 분이니 천국에 잘 가셨다고 말하곤 한다. 그러나 더 이상은 신(神)을 팔고 영혼을 팔아 세상을 속이려드는 우를 범해서는 정말 안 된다. 오히려 당사자가 화를 입을 수 있다. 천도 중에 당사자가 화를 입은 경우는 수없이 많은 사례가 입증해준다. 영혼천도는 아무나 누구든지 아무렇게나 하는 것이 아니다.

영혼천도에도 엄연히 꼭 지켜야 할 절차가 있는 것이다.

함부로 영혼을 팔며 장사하거나, 영혼을 함부로 건드리는 것은 자손만대에 씻을 수 없는 업보를 짓는 것이니 절대로 비법 없이 함부로 영혼의 세계를 건드리지 말기를 거듭 당부 드리는 바이다.

외국에서 그들의 종교가 없어서 필자를 믿는 것이 아니다.

바로 이 비법의 실체가 종교와는 무관하고 동양의 효 사상에 바탕을 둔 학문이라는 것을 인정하기 때문에 필자를 신뢰하는 것 일 뿐이다. 우리 국민들 또한 지금까지는 이와 같은 것을 확인할 수도 없고 실체도 없어서 무조건 사람의 명망만을 믿고 행하고 속아왔던 것인 만큼 이제부터라도 조상 영혼을 먼저 확인하고서 제대로 알고 속지 않으면 될 것이다.

　말 그대로 모르면 속는다지만 정확하게 안다면 속을 것도 이용당할 일도 없을 것이다. 그러하니 누구의 말도 믿지 말고, 산소나 영안실, 납골당, 영정 앞에서 가족 분들과 함께 확인하여 술, 담배, 과일, 두부 등 음식에 맛이 없다면 결단코 못 가신 영혼이다. 영혼의 속도는 빛의 속도보다 빠르기 때문에 못 가신 영혼을 천도하여 잘 가시게 한 다음 가족과 함께 다시 한 똑같이 확인하면 100% 술, 담배 등 음식 맛이 좋아져야 한다.

　그래야만 후손들에게 건강, 출세, 성공, 훌륭한 자녀가 대대로 이어져서 수백 년간 명문가로서 위상을 떨칠 수 있을 것이다. 사대부 집안의 명망과 위상은 쉽게 만들어지는 것은 아니다. 물체의 형상이 길면 그림자도 길고 소리가 크면 메아리도 크듯이 내가 일심으로 드리는 영혼천도는 정성이 크면 클수록 크게 다가온다.


　필자에게 자녀를 훌륭한 사람으로 만들어 달라고 한다면 그것은 어려운 것은 아니다. 시작이 중요하다. 단 시작하기 전에 필자가 제시한 비법 중 하나로 직접 실험과 확인을 해보고 몸소 느껴 본 후에 필자에 대한 확실한 믿음을 갖는다면 결단코 후회 또한 없을 것이다. 필자의 말도 듣지 말고 오로지 직접 눈으로, 몸으로 체험해보고 확인 후 느낀 다음에 모든 것을 시작해도 늦지 않기 때문이다.

또한 안 좋은 기(氣)로 인해 집안에 불행이 닥친다면 천도를 한 후에는 음식 맛이 좋게 변하고 무조건 좋은 변화가 찾아와야 하며 놀랄 정도의 새로운 기운으로 신체에 변화를 느껴야 한다. 즉 쓰고 맛이 탁해진 음식들은 맛있는 음식으로 변해야만 조상의 영혼이 영적인 세계로 제대로 갔다는 증거이며, 이 증거 또한 보여 줄 수 있으니 앞으로 좋은 일만 계속될 것이라는 희망을 가져도 좋다.

이 글을 처음 접했을 때와 직접 확인하여 본인이 느낄 때와는 천지 차이가 있기 마련이다.

어느 분은 얼굴이 하얗게 질려서 부르르 떠는 분들도 있었다.

옛 말씀에 "백 년 동안 탐낸 물건이 하루아침에 먼지가 될 수도 있고 삼일 동안 닦은 마음 일자리도 천년의 보물이 된다고 했다.(天下難事 必作於易 天下大事 心作於細:천하난사 필작어역 천하대사 심작어세).

"어려운 일은 쉬운 일에서부터 시작되고 큰 일도 작고 사소

한 일에서부터 시작된다."란 말씀이 있다

눈에 보이지 않고 당장에 도움이 되지 않는다고 등한시해서는 안 된다. 작은 물방울의 발원이 한강의 모태가 되고, 민족의 역사가 신화가 되어 시작되고 녹아내리는 법이다. 필자의 학문을 한마디로 정의하면 百聞以不如一見(백문이불여일견)이 아닐까 생각된다.

백 번 듣는 것보다 한번 직접 보는 것이 낫다, 라는 가르침이 이렇게 딱 들어맞는 문구도 없을 것 같다. 훌륭한 자녀가 되느냐 안 되느냐를 먼저 탓하지 말고 당신부터 부모님께 효도하는 지극한 마음가짐이 필요하다. 천리 길도 한 걸음부터 라는데 사소하고 쉬운 일부터 시작하자.

살아생전 부모님께 드리는 효도는 말할 것도 없고 돌아가신 부모님께 마지막으로 하는 효도가 바로 죽은 영혼이 제대로 가셨는지 살피는 일일 것이다. 제대로 살핀 부모님 영혼이 당신과 자녀들을 위해 다시 음덕을 베푸시니 바로 이것이 우주의 순환이요, 부모와 자식에 맺어진 인연의 순환이다.


원효대사께서 말씀하시길,

"원래 부모와 자식 지간의 인연이라는 것은 없는 것이다. 있는 것처럼 느껴질 뿐 애초에 없었던 것이다. 인연은 마치 땅위에 심어놓은 과실나무와 같아서 과실을 얻고자 하면 수

시로 물을 주고 거름을 주고 벌레를 잡아주어야 시들지 않고 자라서 꽃과 과일을 만든다. 끊임없이 관리하지 않으면 시들고 말라 비틀어져 썩어 자빠진다."고 말씀 하셨다.

살아 계실 때 나에게 물과 양식과 정신을 끊임없이 만들어 주신 부모님이 돌아가시면 살아있는 자손이 죽은 영혼에게 효를 행하는 것이야말로 부모와 자식 간의 인연으로 맺어준 마지막 도리임을 살아있는 자는 명심해야 한다.

원효께서 말씀하시는 효란,

"하나 안에 모든 것이 들어있고, 모든 것 안에 하나가 들어 있으니 하나가 모든 것이고 모든 것이 하나다." 라고 말했다.

부모님 가슴에 내가 들어가 있고 내 안에 부모님이 살아 계신다. 이런 마음을 품고 사는 자식이야말로 효자이다. 효자인 당신과 자손들이 성공 못할 이유가 어디 있단 말인가. 영혼천도를 통해 여러분의 가정이 행복으로 들어서는 길이 되길 바란다.

관념적 사고가 아닌 실체의 확인을 통해 당신 주위의 모든 상황이 변해간다는 것을 경험하기 바란다.

명품 자녀 만들기

반대로 당신과 당신 가족에게 불행이 닥쳐온다면
도대체 언제, 어떻게, 왜, 무엇 때문에 나에게 닥쳐오는지
미리 아는 것도 대단히 중요할 것이다.
그래야만이 미리미리 예방이 가능하기 때문이다.

# 제 4 부
# 부모님이 해야 할 일

부모님은
낙태와 유산을 책임져야한다

결혼을 앞둔 신랑 신부에게

명문대합격 고시합격

무섭게 다가오는 불치병

훌륭한 자녀와 사업하는 부모님께

우리나라 사람들처럼 직접 눈으로 보거나, 귀로 듣거나, 손으로 만져봐야 직성이 풀리는 불같은 성격을 갖고 있는 민족도 드물다. IQ는 유태인과 함께 첫째 아니면 둘째를 다투고 작은 국토에서 세계무역경제규모가 10위권에 드는 경제대국이다.

2002년 월드컵을 일본과 함께 아시아 최초로 유치했고, 불가능하다고 생각했던 세계 4강을 당당히 쟁취하였으며, 세계 야구대회인 WBC 대회에서는 세계 강호들을 물리치고 4강에 든 나라다. 숫자로 본다면 그러한 성적이 가능하다고 생각할 수 있다. 그러나 각 국의 입장에서 본다면 그것은 도저히 불가능한 일이며 하나같이 믿기 힘든 기적이라고들 한다. 그도 그럴 것이 일본만 해도 고시엔 야구등록 고등학교만 보면 대략 4,000개 정도이다. 우리나라는 100개 정도이다. 도대체 숫자에서부터 비교의 대상이 될 수가 없다. 웬만한 유럽 국가들의 축구선수와 시장규모는 고래와 고등어만큼의 차이가 나기 때문이다. 그러나 21세기 현재 스포츠, 음악, 과학, 의학, 기업성장 등의 분야에서 이제는 동방의 나라 대한민국을 빼고는 논할 수 없다.

그 이면에는 자식에 대한 열성 어린 부모들의 교육열정과 국가적인 차원의 교육제도가 훌륭히 받쳐주고 있었기에 가능했을 것이다. 세계 교류협회 보고서엔 한국의 교육과정을 세계적으로 성공한 사례로 당당히 보고되어 있기 때문이다.

그러나 사회가 급변하기 시작한 1990년대 이전의 보고서다.

이 말을 거꾸로 뒤집어 보면 우리민족은 훌륭한 유전자를 소유하고 있는 민족이며 환경과 여건만 뒷받침이 되어준다면 그 옛날 세종대왕 때와 같이 세계최고의 문화 부흥기를 이룩할 수 있는 민족이라는 결론이 난다. 그렇다면 당신 아이의 성공 잠재력은 세계 최고라는 결론이 선다.

필자가 외국에서 있으면서 듣는 말이 한국인의 잠재력은 정말로 뛰어나다는 말을 가장 많이 듣는다. 열악한 환경에서 어떻게 세계최고의 인물들이 탄생되고 만들어 질 수 있느냐고 생각할 것이다. 필자의 개인적인 의견이지만 세계 어느 민족을 봐도 선대조상의 제사를 온 국민이 철저히 지키는 민족은 한국, 일본, 중국이 최고일 것이다. 이렇게 조상을 철저히 예우하는 3국이 미래를 주도할 것이라 생각하는 것은 당연하다 하겠다.

3국을 들여다보면 일본은 검증된 세계 초일류 경제대국으로 성장했으며 거대한 땅을 갖고 있는 중국은 한국과 일본을 모델삼아 성장잠재력을 세계의 중심으로 키워가고 있는 중이다.

우리는 어떤가.

50년 전만 해도 세계 최빈국인 나라에서 지금은 세계가 부러워할 만큼 빠른 속도로 성장하여 한강의 기적을 이루고 당당히 세계무역 10대 강국이 된 세계역사 유래 상 찾아보기 힘든 성공한 민족이다. 이렇듯 3개국의 공통점인 선대조상을 모신다는 것은 어떤 의미일까? 바로 효를 근본으로 내세우고 실천하는 동양사상이다.

효도를 바탕으로 정신세계를 펼치는 민족이다 보니 먼저 간 조상들의 음덕으로 후손들이 덕을 받았기에 이만큼 성공할 수 있었던 것이라 믿고 있다. 필자가 앞서 설명대로 수많은 기적을 행할 수 있었던 것은 조상과의 영혼교류가 있었기에 가능한 것이다. 십여 년간 죽음의 공포에서 헤어나지 못하는 암 환자 분들에게 기적을 일으키고 주식의 '주' 자도 모르면서 여의도 증권 전문인들에게 불가사의한 일로 느낀 신비의 주식 예언을 하고, 미국 9·11 테러사건 예언, 사진과 신문에 난 이름만 보고도 선거 당락을 알려준 사례들, 신림동 고시촌에서 있었던 고시생들의 합격, 승승장구하던 기업의 부도를 막아주고, 바닥의 성적에서 최고의 국내외 명문대학에 합격할 수 있었던 기적 같은 일들을 이뤄낼 수 있었던 것은 조상 영혼천도를 통해 못 가신 조상 영혼들을 찾아내어 지극 정성을 드리고 잘 가실 수 있게 한 비법을 행하였기에 가능할 수 있었던 것이다.

　도대체 진짜 천도를 하면 어떤 변화가 오기에 이런 기적들이 나에게 오는 걸까.

　일단 본인이든 자녀든 안 좋은 기운이 좋은 기운으로 바뀌는 그 순간부터 당신과 자녀들의 몸속으로 목, 화, 토, 금, 수 오장육부에 놀라운 변화가 찾아온다. 머리가 별안간 맑아지고 그간 피곤했던 피로가 확 사라지는 것을 몸소 느끼게 되며 몸이 날듯이 가벼워지는 것을 느끼면서 수일동안 내가 대단히 건강해지는 것을 느끼게 된다. 이러한 육체의 순환이 오장육부와 머리가 깨끗해지고 맑아지면서 자신을 비롯한 주변의 변화가 몸소 느껴지고 그간 마음속으로만 빌었던 소원이 이루어지게 되는 현상이다.

　자녀들의 성공을 위해 부모들은 생활의 선택까지 바꾸고 살아야 하는 세상이다. 무한 경쟁적 교육시스템으로 사회가 변해가면서 국가의 교육시스템에 따라 부모들의 생활양식까지 바뀐다. 그렇게 키운 자식들이 이다음에 부모의 은공을 모르고 저만 잘난 줄 알고 언행이 함부로 변한다면 천만금이 들어온들 무슨 소용이 있겠는가.

　거듭 당부하는 이유가 충분하고 합당한 이유가 있기 때문이다. 결국 이러한 현상을 어떻게 풀어가야 하는지 단위별로 생각해 보고자 한다.

# 1
## 부모님은 낙태와 유산을
## 책임져야 한다

**지금부터 십여 년간** 예언을 통해 불가사의하게 일어난 수많은 기적 아닌 기적 같은 현상들을 일일이 열거할 수는 없다. 우리는 TV를 통해 도저히 믿기지 않는 현상을 보고는 경악을 금치 못하고 믿을 수도 안 믿을 수도 없는 혼란에 가끔 빠지기도 한다.

삼풍백화점 붕괴사건 때, 사고 바로 전에 돌아가신 어머님이 자신을 따라오라는 말에 엉겁결에 뒤따라 나가자마자 간발의 차이로 살아날 수 있었던 어느 여성의 인터뷰 내용이나 영화배우 유오성씨가 주연을 하기도 했던 권투선수 고 김득구 선수와 미국의 세계챔피언이던 멘시니 선수와의 악연은

TV 다큐멘터리로 방영된 것처럼 고 김득구 선수의 어머님의 영혼이 멘시니 선수의 집안으로 옮겨가 멘시니 식구들을 계속해서 죽음과 불행으로 몰고 간 것이 자식의 한을 갚았다고 생각하는 것인지도 모른다. 혹시나 하기에는 너무 뚜렷한 영상이 보는 이로 하여금 섬뜩하게 한다. 만약에 멘시니 선수 집안에서 필자를 찾아왔다면 상황이 달라졌을 것이다. 이러한 유형의 기사거리는 수도 없이 넘쳐난다.

수없이 넘쳐난다는 것은 지금도 불행이 수도 없이 당신과 당신 주변에서 발생되고 있다는 것이며 특별히 당신과 당신 가족만이 예외 일수는 없기 때문이다. 사랑하는 가족들이 불행에 빠지는 것을 운명이라고 방치할 부모님은 단연코 이 땅엔 없을 것이다. 그러나 그 불행이 실제로 당신과 당신 가족에게 일어나고 있으니 그 불행만은 막아야 한다. 훌륭한 자녀 되기를 원하는 것은 부모들의 간절한 마음의 소망이다. 반대로 당신과 당신 가족에게 불행이 닥쳐온다면 도대체 언제, 어떻게, 왜, 무엇 때문에 나에게 닥쳐오는지 미리 아는 것도 대단히 중요할 것이다. 그래야 만이 미리미리 예방이 가능하기 때문이다.

필자가 98년부터 일본의 초청을 받고 활동하고 있을 때, 동경 어느 절의 주지 스님과 아주 각별한 사이로 지내고 있을 때였다. 원효대사 비법의 마지막 수제자로서 일본의 종교 지도자 분들에게 한국의 우수한 정신세계와 기적 같은 비급의 비결을 한 수 가르쳐 주겠다는 마음에 한껏 부풀은 상태에서 종교 지도자들과 각 교파의 수장들과 활발히 만나고 있던 때였다.

필자가 일본에서 놀란 것은 1300여 년 전 원효대사에 대한 원효사상을 너무도 잘 알고 있을 뿐 아니라 수백 년간 내려온 비법수련에도 구체적인 지침서가 존재하는 것에 놀라움을 금치 못하였다. 일본은 우리와 달리 토속 종교와 불교가 번성한 나라다. 각 마을마다 신사(神事)와 불단(佛壇)이 모셔져 있으며 집집마다 개인사당이 모셔져 있는 것을 흔히 볼 수 있었는데 이렇게 개인사당을 모시는 풍습이 한국에서 건너간 풍습이라고 하니 개인적으로 묘한 감정이 들었다.

그런데 특이한 점은 집안에 모셔져 있는 불단에 낙태와 유산으로 인한 어린 영가영혼천도를 하고 있는데 놀랐다. 놀란 이유는 현재 살고 있는 남편의 자식이 아닌, 전 남편이거나 결혼하기 전에 했던 낙태와 유산을 한 영아를 위해 천도를 하는 것이었다.

한국 사람의 상식으로는 도저히 이해하기 어렵고 이해도 어려울 것이다. 일본 여성들이 당당한 것인지 오랜 풍습에 의해 그런 것인지 도대체 궁금하던 차에 주지 스님께서 어느 날 수백 년 된 절집의 보물이며 일본의 보물로 지정된 귀한 책이라며 3권의 책을 보여 주셨다. 책 속의 내용은 수백 년간 전란 속에서도 일본인들의 성 의식과 그에 따른 사상철학서 정도로 분류된 내용이었지만 그 의미는 충격적이었다.

일본 여성은 결혼하여 임신을 하게 되면 태아 때부터 남자의 조상 혼이 들어와 태아와 임산부를 보호하게 되는데 유산이나 낙태를 하게 되었을 때 영아 천도를 해야지 만이 뒤에 태어날 새로운 생명에게 해가 가지 않는다고 믿고 있었던 것이다.

결혼 전 임신이나 피치 못 할 사정으로 인해 어쩔 수없이 낙태를 하였을 경우 새로 결혼할 남자와 가정을 이룰 상황이면 결혼 전에 영아영혼천도를 꼭 해야 만이 전 남자의 조상 혼을 물리치고 현재의 남편 조상 혼을 맞이하여 집안의 불행을 미리 막을 수 있다는 내용이었다.

그렇게 하지 못하였을 경우 어린 영혼이 엄마를 찾아와 이유 없이 아프고 남편과의 불화가 끊임없이 생기는가 하면 재산상의 손실을 준다. 더욱 무서운 것은 새로 태어날 동생에게 끊임없이 시샘하며 고통을 준다. 일본에서는 결혼하면 여성은 남자의 성으로 대부분 바꾼다.

즉 결혼과 동시에 첫 번째 남편의 조상 혼이 싫든 좋든 계속해서 따라 붙는다. 이러한 상황을 모르고 있을 때 예기치 않은 불행이 반드시 찾아온다고 믿는다. 때문에 일본인들은 전 남자의 영아천도를 반드시 시행하여 전 남자의 조상 혼과 원귀를 떼고 현재의 남편인 조상의 혼으로 하여금 집안의 홀륭한 자녀로 태어날 수 있도록 해야 하며 그래야만 남자 쪽의 조상 영혼이 깃 들인 진짜 자신들만의 자손이 태어난다고 믿는다는 것이 이 책의 요지였다.

그때서야 남편의 묵인 하에 불단에서의 영아영혼천도를 이해하게 되었다. 그것이 일본에서는 유산과 낙태로 인한 영아영혼천도만을 위한 특별한 절이 각 도시마다 마을마다 수없이 산적해 있는 이유다.

유산과 낙태는 부부를 정신적으로나 육체적으로 크게 힘들게 한다. 하지만 영아의 영혼천도 만큼은 반드시 해야 만이 홀륭한 자녀가 태어날 것이라 믿고 있었으며, 뒤에 태어날 생명에게 성장과 죽음을 맞이할 때까지 못되게 하거나 엄한 딴지를 걸 수 없도록 하여, 자녀의 앞길에 훼방하는 일이 없도록 분리하는 중요한 의식이라는 주지 스님의 말씀에 스승님께 전수 받았던 학문과 일맥상통 하다는데 의견을 같이 하게 되었다.

그 후 필자는 주지 스님에게 답례로 낙태와 유산으로 인한 자식들과 가족의 불행을 막을 수 있는 특별한 원효대사 비법을 일부 전수하게 되었고, 주지 스님의 천거로 수많은 구명시식과 영아영혼천도를 하였으며, 일본에서 그네들이 놀랄만한 기적 같은 성과를 직접 보여 주었다.

일본에서는 낙태와 유산으로 인해 고통 받는 가족들을 위해 구명의식을 진행할 때 한국에서처럼 아무도 모르게 본인 혼자만 하는 것과는 달리 부부동반과 전 가족이 참여한다. 필자가 구명시식 전 영아의 영혼상태를 직접 실험하여 눈으로 보고 직접 확인시킨 후 '천도를 하고 난 후에 바뀌어 있는 결과'에 대해 너무도 충격적이라며 놀라워했다. 곧바로 머리가 아프지 않고 맑아지며 속이 시원하고 더부룩하던 소화불량이 없어지고 어깨 결림, 허리 통증과 전체적인 피로가 없어지며 눈이 침침하면 맑아지는 현상이 오는 등 가장 먼저 자식들에게 육체적 변화가 찾아오고 정신적으로 맑고 깨끗해지며 반항적인 아이들은 공손해져 버리니 놀라지 않을 부모가 어디 있겠는가.

그 뿐만이 아니다.

당신을 비롯해 남편, 부인, 부모님 등 직계로 있는 가족 전체에 커다란 변화가 왔음을 확연히 느낄 수 있다. 이러한 효험이 입 소문을 타고 퍼져가다 보니 그 큰 절 집에 사람들이 인산인해를 이루고 덩달아 방송과 신문에서 취재를 하겠다고 달려드는 통에 본의 아니게 주지 스님이 곤란을 겪기도 하였다.

뜻하지 않던 일에 어수선해진 절 집의 분위기를 정리할 필요가 있었고, 주지 스님과의 개인적인 약속을 지키기 위해 한국으로 들어오게 되었다. 그 후 한국과 일본을 왕래하며 활동하게 되었지만 일본에서의 활동은 국내에서의 활동과는 사뭇 달랐다. 일본에서는 필자를 대하는 믿음과 신뢰는 국내와 비교할 때 크게 달랐다. 반듯한 예의와 예절을 지켜가며 겸손하게 존중과 존경을 해주었으며, 많은 종파의 수장 분들 또한 한국에서 원효대사의 마지막 수제자이며 비급의 비법 전수가가 왔다는 것에 많은 감명을 받았다며 따뜻한 마음으로 예우를 해 주었다. 이러한 예우는 사실 그들이 도저히 넘나들 수 없는 원효대사의 비법을 직접보고 확인함으로써 확실히 인정하겠다는 무언의 예우이다.

일본은 섬세함에 있어서는 세계에서 둘째가라면 서러운 민족이다. 인정하지 않고서는 고개를 숙이지 않는 법이다. 인정한다는 것에 뿌듯한 자긍심과 자부심을 느꼈다. 덕분에 재일한국인 희생자와 일본 북해도 한국인 강제징용 희생자들을 위한 영혼 천도제 때 많은 후원을 답지 받았고, 지금도 일본에서 주로 활동하면서 열심히 하는 일이 히로시마 원폭 피해자들의 합동 영혼 천도와 고배 지진 때 시신을 못 찾은 재일 교포들의 영혼과 일본인들에게 영혼 천도제를 해줌으로써 혹시나 다시 엄습해올 천재지변의 불행을 미리 예방하는데 힘쓰고 있다.

물론 이곳에서도 일본의 저명인사들과 주류를 이루는 상류층 집안에서 훌륭한 자녀를 만드는 중요한 의식과 조상 발복에 큰 비중을 두고 심혈을 기울이는 것이 사실이지만 이것으로 인해 굳이 국민적 감정을 들먹일 필요는 없을 것 같다.

왜냐하면 어린 새싹들의 일에 어른들의 감정이입이 있을 이유가 없을뿐더러 차후에 우리나라 어린이들과 함께 자라나는 세대가 활발히 교류하며 결국 서로에게 큰 도움이 될 것이라고 확신하기 때문이다.

한국에서만이 조상님들의 제사에 온 정성을 쏟는 것은 아니다.

수천 년간을 가깝고도 먼 이웃으로 존재해온 일본에서도 조상들의 제사는 효이자 생활의 덕목이다. 하지만 우리는 효를 바탕으로 한 진짜 천도가 사라졌고 가짜 천도만이 판을 치는 세상이 되었기에 안타까움을 금할 수가 없을 뿐이다. 훌륭한 자녀를 원하는 부모님은 꼭 기억해야 할 것이 왔다.

남자와 여자가 만나 사랑을 하고 영과 육이 결합하는 그 순간부터 태아에게 조상의 기운이 강하게 작용한다. 요즘 신세대 엄마들은 훌륭한 자녀를 갖기 위해 임신기간 중 태교는 물론이고 임신 전부터 훌륭한 부모가 되기 위한 준비교육에도 많은 관심을 갖고 적극적으로 참여한다고 하니 매우 현명하고 바람직한 현상이다. 하지만 이런 노력들도 기본 원리를 알고 정확하게 실행한다면 더 이상 바랄 것이 없겠다. 사랑하는 사람과 이루어진 관계든 본능과 쾌락을 위한 관계든 그 결과로 인해 우리는 임신이라는 또 하나의 운명을 맞이하게 된다. 그러나 원하지 않던 임신일 경우에 어쩔 수없이 낙태를 할 수밖에 없는 처지가 된다.

낙태로 인해 죽어간 하나의 생명은 한 많은 영혼이 되어 떠돌아다니며 알게 모르게 낙태시킨 엄마의 삶을 불편하게 만든다. 서로가 피할 수 없는 이별로 고통 받고 상처받은 후 새로 태어날 아이에게 한이 된 영혼이 들어가 자식과의 관계가 소원해 지면서 영영 회합할 수 없는 지경에 이르게 되고 한편으로는 남편에게 들어가 부부관계가 파경에 이르게 되는 경우가 실제로 생긴다.

더욱이 본인의 몸으로 그 영혼이 들어와 이유도 없이 되는 일이 없고 예고 없는 불치병으로 고통 받는 일이 생기게 되는 것이다. 모르고 지나가고 보이지 않을 뿐이지 더 무서운 일이 벌어지기도 하는데 아무리 열심히 노력해도 재물이 쌓아지지 않고 자식들이 원하는 방향과는 정반대 방향으로 달려가며 본인의 몸과 정신이 피폐해 지는 것을 경험한다.

일본에서는 낙태와 유산으로 인한 문제를 그 어떤 것보다 신중하게 다루는데 이럴 때 가장 시급하고도 중요하게 실행하는 것 중 하나가 시집가기 전에 임신을 시킨 남자의 조상혼을 꼭 떼고 가는 것이 중요한 일 중 하나였고 부부라면 즉시 영아의 영혼을 달래서 좋은 곳으로 반드시 보내주는 것이다.

유산이나 낙태로 인한 영아영혼천도가 이루어지지 않을 경우 그 영혼은 원귀가 되어 나와 가족들에게 엄청난 화를 불러오게 된다고 믿기 때문이다. 명심해야 할 것은 낙태와 유산 이후에 임신하여 아무리 훌륭한 태교를 해 출산하였다 하더라도 기형아를 낳게 된다거나 성장하면서 불치병에 걸려 사망하게 되는 경우가 발생하게 된다.

나만은 예외이고 남들에게만 발생하는 일이라고 생각해서는 안 된다. 나에게 작게 일어나느냐, 크게 일어나느냐의 차이일뿐이다. 낙태는 인류에 대한 배신이다. 그래서 모든 종교는 예외 없이 낙태에 관해서는 극렬히 반대 입장을 보이는 것이다. 하지만 도저히 거역할 수 없는 상황에 직면하였다면 어쩌겠는가. 이럴 때 어쩔 수 없는 낙태라면 필자 말대로 영아의 영혼천도를 꼭해야 할 것을 강하게 권하는 것이다.

이유가 어찌되었든 잉태된 어린 생명을 버리는 일은 절대 해서는 안 된다. 낙태는 그 어느 것에서고 변명이 될 수 없는 최고의 죄악이기 때문이다. 당시 어쩔 수 없는 상황이라면 꽃도 못 피우고 절명에 간 어린 영혼을 반드시 올바르게 진짜천도를 해주고 평생토록 위무해 주어야 한다. 한편 자연유산이든 인공유산이든 책임은 당연히 부모에게 돌아간다. 아닌 척, 모른 척, 괜찮은 척 한다고 하여 숨겨질 수 있는 것이 아니다. 어린 영혼의 절규는 반드시 평생 집안 대대로 따라 다니기 때문이다. 평생 따라 다니는 증거가 확인되기 때문에 놀랍다는 것이다. 그렇지 않으면 왜 힘들어하겠는가. 집안에 훌륭한 인재가 나오고, 세상에 이름을 남길만한 인물이 나오는 것은 아무 집안에서나 나오는 것이 아니다. 그 집안 조상의 음덕이 누대에 걸쳐 선과 공으로 쌓여진 토대 위에서만 가능한 일이다.

잘되는 집안은 얼굴도 모르는 선대 조상님들의 선행과 업보가 수백 년 동안 쌓이고 쌓여 그 복이 집안을 빛내는 훌륭한 후손을 점지해 주는 것이다. 당신이 지금의 이 세상에서 자식들과 온 힘을 합쳐 열심히 살면서 선을 행하고 물질적으로 많은 부를 축적하여 지금부터 당신 스스로 증시조가 되어 1950년생일 경우 당신의 자손들이 2100년이 되는 때에 당신의 발복기운으로 국가의 지도자가 만들어질 것이라는 강력한 믿음을 가져보길 권한다.

당신이 낙태한 영혼을 무관심으로 수수방관만 할 것이 아니다.

아무도 모르는 것 같지만 부모와 아이가 알고 있다. 당신의 자녀들이 행복하고, 훌륭한 자녀를 원한다면 반드시 영아영 혼천도를 꼭 해야 한다. 훌륭한 자녀를 원한다면 엄마 뱃속에서부터 태교는 물론이요, 성장기의 보살핌과 가르침이 중요하다는 것은 누구나 알고 있다.

당신은 자녀에게 외국 유학을 보내고 어느 대학을 선택하기에 앞서 반드시 효의 근본인 기본부터 만들어 주어야 한다. 건강하고 똑똑하며 올바른 인생관을 갖춘 자녀는 엄청난 교육비를 들여 과외 시켜주고 조기 유학을 보낸다고 만들어지는 것이 아니다. 효를 통한 기본이 잘 되어있는 자녀는 본인 스스로가 알아서 자연스럽게 뜻한 바를 이루며 행복하고 성공한 인생을 살아 갈 수 있다.


다시 한 번 강조하지만, 그 무엇보다도 낙태와 유산으로 인한 어린 영가들에게 반드시 진짜 천도를 통하여 좋은 곳으로 갈 수 있게끔 해야 만이 당신의 자녀들이 이 세상을 고통 없이 행복하게 성공한 삶을 살아갈 수 있음을 명심하고 또 명심하길 바라는 바이다.

예부터 집안의 어린 자식이 죽으면 선산에 묻혀야 하지만 묘지도 만들어 주지 않는 이유가 원귀가 붙어있기 때문이라고 믿어오고 있다. 하물며 세상 보기전의 어린 영아야말로 원귀가 한을 품는 형국으로 생각하는 것이 어찌 보면 당연하지 않겠는가. 앞으로 세상의 모든 부모들은 낙태와 유산에 대해 자신들이 꼭 책임져야겠다는 각오를 반드시 가져야 한다.

그 길만이 당신과 가족에게 평안과 행복을 안겨주는 유일한 지름길임을 명심하고 또 명심해야 한다.

**2**

결혼을 앞둔
신랑 신부에게

"특별한 남자 〈A few good man 〉를 찾으니 특별한 정
자〈A few good sperm〉를 고르겠다."

뉴욕타임지가 2006년 3월 19일에 대대적으로 보도한 내용
이다. 실제로 미국 최대 정자은행 '캘리포니아 크리요 뱅크'
는 고객 중 3분의 1이 유부녀가 아닌 독신여성이었다.

삼십 년 전 만해도 멋진 남자에게 사랑에 빠져 결혼하고 임
신하여 출산하면 시간을 갖고 훌륭한 자녀로 키우는 것이 모
든 인류의 순환과정이었다. 그러나 최근 훌륭한 유전자를 갖
고 있는 남자의 정자만을 선택하여 인공수정으로 태아의 출

생을 결정짓는 시대가 되었다. 어떻게 키워서 훌륭한 자녀를 만드느냐가 아니라 태아 때부터 훌륭하게 결정지어진 태아를 원하고 있는 것이다.

그러나 우리 옛 선조들은 몇 백 년 전에 벌써 이와 같은 태교의 과정을 중요시 여겼다. 조선 왕실에서는 세자의 간택을 국가의 운명이 걸린 대사로 보고 특별한 방법으로 특별히 정해진 시간에 특별히 선발된 세자비와 첫날밤을 치르기 전에 조상님께 제를 올리고 난 후에 첫날밤을 치르게 하였다.

이와 같이 신부의 간택은 명문 집안도 같은 방법으로 집안을 보존하였으니 지금이나 그 시절이나 훌륭한 가문을 이어 가려는 노력과 각오는 사뭇 비장하기까지 했다. 장자손 원칙인 유교의 풍습은 후손이 아들이야 딸이냐에 따라 가문의 대가 끊기는 명문의 집안이 되느냐 아니면 영광의 가문을 계속 지켜갈 것이냐의 첫째 관문이자 모든 것의 시작이었기 때문이다.

인간은 어머니의 뱃속에서 생명으로 잉태되는 순간부터 영혼과 육체가 함께 존재하는 생명체이다. 영혼이 없는 육신은 단지 시체 한 구에 지나지 않으며, 육신이 없는 영혼 또한 귀신에 불과하다. 따라서 사람의 형체가 다 갖추어지지 않은 태아의 경우 사람이냐, 아니냐 하는 문제는 결국 그 속에 영혼이 존재하느냐 그렇지 않느냐의 문제로 귀결된다.

그 속에 이미 한 영혼이 깃들어 있다면, 그러니까 태아에게
도 영혼이 있다면 육체의 완결성 여부를 떠나 고귀한 한 인간
으로 여겨야 한다. 인간은 영적인 존재이기 때문이다. 이렇게
영적인 존재인 태아는 천·지·조·후의 기운을 받으며 인간
존재의 생성과 죽음을 맞이하게 된다.

인간은 태어나서부터 죽음에 이르기까지 아래와 같은 순환
과정을 겪게 된다.

| | |
|---|---|
| 태: 영혼과 육신의 합 | 양: 임신의 과정 |
| 생: 출생 | 욕: 영혼과 육신의 목욕 |
| 대: 인간의 성장과정 | 관: 운명 지워진 길 |
| 왕: 성공의 절정기 | 퇴: 운명의 하강기 |
| 병: 병의 고통과 투병기 | 사: 죽음의 때 |
| 묘: 영혼의 출생과 육신의 마지막 | 절: 윤회의 번복 |

위와 같은 과정 속에 후손들이 반복하며 순환하고 태어난
다. 이렇게 조상의 기운은 순환과정에서 출생에서 사망까지
가장 강력하게 영향을 미친다. 훌륭한 자녀를 갖기 위해서는
처음부터 잘못된 조상부터 찾아내어 잘못된 조상 영혼을 잘
가게 한 후 엄마 뱃속에서 영혼과 육체의 결합이 시작되는 순
간부터 좋은 기운을 받아야 한다는 것이 원효대사의 비법서

첫 머리이다.

엄마의 뱃속에서부터 태아에게 좋은 기운을 받기 위해서 제일 중요한 것은 배우자와의 만남이다. 평생을 함께 할 배우자와 결혼은 당신의 운명도 변화시키지만 당신의 자녀도 훌륭한 자녀로 성장할 수 있느냐, 없느냐의 중요한 갈림길이기 때문이다. 오죽하면 인공수정 할 때 모녀가 남편의 약력과 사진을 들고 찾아왔겠는가. 3대 독자인 남편이니 만큼 아이가 이상이 없도록 건강하고 훌륭하게 자랄 수 있게끔 도와달라며 절실히 매달렸다.

필자는 TV를 보아도 마찬가지이며 신문에 선거에 출마한 인사들의 성함만 보고도 유권자들로부터 몇 %의 지지를 받고 당선되느냐 떨어지느냐를 정확하게 맞추었다. 필자는 모녀가 들고 온 남편의 사진을 보고 남편 집안을 하나하나 5대조 조상까지 확인하여 주고 못 가신 영혼을 찾아내어 일심으로 천도를 해주었고 잘못된 것은 바로 잡아 주었으며 또한 남편의 미래가 성공적으로 갈 수 있도록 천도하여 주었다.

이렇듯 새 생명이 태어난다는 것은 남녀의 합궁으로 천기에 의해서 조상의 영혼이 깃드는 과정이기에 남자와 여자 양쪽 모두는 각 배우자의 조상 영혼의 기운을 받기 위해 반드시 조상들의 영혼을 미리 살펴보아야 한다.

아무리 성공, 출세, 건강, 행복해지고 싶고 훌륭한 자녀를 원해도 조상 영혼이 잘못되었다면 꿈도 꾸지 말아야 한다. 왜냐하면 여자는 결혼과 임신으로부터 곧바로 남편의 집안으로 입적되어 남편의 조상으로 바뀌기 때문이다. 즉 결혼하는 그 순간부터 남편 조상의 영혼을 받게 되는 것이다. 그래서 예로부터 여자 팔자는 남편을 따라간다고 하였고 시집간 여자는 죽어도 그 집 귀신이라고 하였던 것이다.

특히 결혼을 앞둔 여자는 신랑 될 사람의 재산, 직업, 학벌, 성격 그리고 억 만금의 혼수도 중요하겠지만 반드시 남편 될 집안의 조상부터 꼭 살펴야 화목하게 잘 살 수 있다. 한 번의 결합으로 평생 죽는 그 날까지 남자 쪽 조상의 영향을 받게 되어있으니 필자의 말을 명심하여 살피고 또 살필 일이다.

여자는 결혼해서 신랑 집안에 입적을 하면 이혼을 하고 사별을 해도 서로간의 입적한 집안의 조상을 원 위치로 되돌릴 수가 없다. 여자 입장에서는 억울하겠지만 어쩔 수 없는 일이다. 그래서 예부터 결혼은 인륜지대사요 집안과 집안의 결합이니 한번 결정을 하게 되면 절대로 돌이킬 수 없는 것이다.

부부가 성격이 맞지 않아 이혼을 하고 난 후 재혼, 삼혼을 해도 소용없고 후회해도 어쩔 수 없는 일이다. 어쩔 수없이 양쪽의 합의하에 이혼을 하게 되었다면 자녀를 위해서라도 꼭 전남편의 집안 영혼을 찾아내어 가짜가 아닌 진짜 천도를 해주면 현재의 자녀들도 훌륭하게 성장할 수 있고 새로 재혼하여 자녀를 새롭게 출생하여도 전혀 해를 끼치는 일은 없을 것이다.

이렇듯 결혼을 앞둔 예비신부와 신랑 등 가족들은 사진이라도 있다면 직접보고 느낄 수 있게 확인시켜주면 그때서야 현실을 직시하고 탄성을 외친다.

신부는 남편 쪽 기운을 바꾸는 것이 가장 큰 급선무임을 알아야 한다. 이미 결혼을 하기로 마음먹었다면 반드시 미리 예방하길 바란다. 필자의 말을 듣고 안 듣고는 자유지만 제발 명심했으면 좋겠다. 말 그대로 남자 쪽 조상이 잘못되어 있으면 분명한 것은 꼭 필요하고 중요한 시기에 견디기 힘든 시련이 꼭 찾아오고 심하게는 몰락의 길을 걷게 된다는 데 그 심각성이 있다.

암에 걸리면 유전이라는 말로 위안 받겠지만, 냉정하게 생각해보면 안 걸리는 방법이 분명하게 있는데도 사람들은 암에 걸리고 나면 호들갑도 그런 호들갑이 없다. 이러한 현상은 장애인도 마찬가지 현상이다. 결국 당사자도 피해자이지만 가장 큰 피해자는 결국 자녀들이다. 이렇게 무심코 넘어가는 것은 자녀들을 무방비 상태로 내어놓는 무지의 소치라고 밖에 볼 수 없다.

남자 입장에서도 새로운 가족을 들이는 만큼 신부의 집안도 확인해야 한다. 처가 쪽의 잘못 가신 조상들이 많으면 말그대로 원귀를 안고 시집을 오는 형국이니 잘못하면 집안이 망하고 가족 전체가 불행해지고 나와 가족에게 끊임없이 불행을 찾아와 사업에 막대한 영향을 미친다.

우리가 흔히 좋은 며느리가 들어와 가세가 폈다는데, 며느리가 새로 들어온 후부터 재수가 없는지 되는 일이 없다고 하는 말을 듣는 것은 예부터 집안에서 내려오는 말이지만 그냥 흘려들을 이야기가 아니다.

이것은 실제로 신부 쪽 조상의 영향을 얼마나 받느냐의 결과이기 때문이다. 사주와 궁합을 보고 수 천 만원에서 수 억원을 들여 혼수를 장만하고 신혼 여행지를 고르고 좋은 아파트에서 산다는 것이 조건은 될 수 있어도 먼 미래를 본다면 중요한 것은 아니다. 심지어 운명을 바꿀 수 있다면 성형수술도 마다하지 않고, 심지어는 관상과 수상까지도 바꾸려고 주저 없이 많은 돈을 들여서 모든 것을 바꾸는 시대와 세태라고 한다. 물론 자신의 운명과 인생에 관심을 갖고 적극 투자하는 것이 잘못되었다는 것이 아니다. 좋은 인연과 행복한 결혼, 멋진 인생은 성형수술로 만들 수 있는 것도 아니다. 정말로 자신의 인생을 바꾸고 싶다면 당신과 당신 상대의 조상 영혼의 기운부터 확인하고 발복된 기운으로 자손만대 번영을 누려야 한다.

필자가 하라는 대로 하라.

조상의 기운을 확인하고 좋은 기운을 축적하여 살아가는 것부터가 행복한 내 인생, 성공한 삶의 시작이여, 훌륭한 2세로 가문의 영광을 열어가는 첫 단추가 될 것임을 보장한다. 대한민국에서 성공한 집안을 들여다보라. 거의 모든 집안이 조상 영혼의 발복을 위해 치열한 전쟁을 치루고 있는 중이다.

항상 성공한 자녀의 미래가 당신 손에 달려있음을 명심하기 바란다.

**3**
명문대 합격과 고시합격

어느 날 서울에 있는 종합대학교의 총장님이 필자를
방문하였다.

교회의 장로님이신데 우연히 필자의 책을 보고 이렇게 찾
아오게 되었으며, 책에 나오는 대로 "진짜 그렇다"는 것을 물
어보고 싶었다고 했다. 이유인즉 당신 스스로도 성공하여 가
문의 영광을 만들었고 자식들도 모두 성공하여 무엇 하나 부
러울 것이 없다고 했다. 그런데 귀신이 집안을 뒤집어쓰고 있
는지 똑똑한 손자 2명이 미국에서 공부 도중 한 명은 자동차
사고로 죽었으며 또 하나는 친구들과 바닷가에서 물놀이 도
중 사망하였다고 했다. 거기다가 손자들 모두 다가 똑똑하다

고 생각했는데 자라면서 영특함이 아버지와 엄마의 반도 못 쫓아오는 것은 고사하고, 솔직히 말해 집안의 번영과 영화가 이것으로 끝나는 것은 아닌가 싶을 정도로 손자들의 무절제한 행동이 계속되기에 하루도 편한 날이 없어서 이렇게 지푸라기라도 잡고 싶은 심정으로 찾아뵙게 되었다고 했다.

특히 가장 아끼는 막내 손자는 중학교 때까지 전교수석을 차지할 정도로 영특한 아이였으나 사촌형 둘이 죽은 후부터 비행청소년으로 변하면서 공부에 대해서는 전혀 기대할 수 없고 그저 말썽 없이 고등학교만이라도 마쳤으면 하는 것이 소원이라고 하시면서 근심걱정이 상담 내내 떠나지 않는 것이 눈으로도 알아볼 수 있을 정도였다.

필자는 집안 내력을 소상히 듣고 무엇이 문제인지 집안내력을 조상님들부터 소상히 살피기 시작했다. 대학교 총장님 되시는 분이 사리를 분간 못할 일은 없는 법이다. 당연히 조상님들 중에 문제가 있었음을 알려주고, 총장님과 함께 부모님의 영혼과 특히 할머니, 할아버지의 영혼을 집중적으로 살피고 직계5대조 조상님까지 하나하나 확인시켜주었다. 처음에는 얼굴이 하얗게 질리시는 것 같더니 나중에는 할머니 얘기가 나오자 대성통곡을 하시기에 안정을 시켜드리고 필자를 믿고 조상님들의 영혼천도와 발복의 기운을 빌어줄 테니 맡겨보라 했더니 흔쾌히 모든 것을 맡겨주셨다.

총장님과 일어났던 지난 1년간의 일들을 일일이 설명하고 싶지는 않다. 외국이나 국내나 성공한 분들은 본인들의 실체를 적극적으로 나타내는 것에 부담을 갖고 있기 때문이다. 그 후 일 년 간의 발복으로 집안 전체가 다시 일어났다. 그렇게 아끼고 염려했던 막내 손자는 대한민국 최고 대학교의 경영학부에 입학하였고, 네 쌍의 자녀부부는 성공가도를 달리며 지금은 더 없이 행복해하며 감사해 한다. 네 쌍의 자녀 부부는 처음에는 격렬히 반대하며 아버지가 쓸데없는 일을 벌이셨다고 실망했으나 지금은 필자의 신봉자일 뿐 아니라 셋째 아들은 대한민국의 주목받는 분 중의 한 분이 되었고, 손자들 모두가 미국과 영국 등 국내외에서 훌륭한 리더자가 되기 위해 열심히 공부하고 있다. 말 그대로 총장님이 원하는 소원대로 이뤄졌다. 훌륭한 자녀란 이런 것을 두고 하는 말 아니겠는가.

총장님이 어느 날 차를 한잔 마시며 하신 말씀이 있다.

적어도 발복이라 함은 태조 이성계의 5대조 할아버지인 이안사의 발복 기도로 5대 후손인 이성계가 나라를 열고 왕이 되었으며, 대원군의 아버지인 남연군의 묘 자리를 만들기 위해 가야산을 불태워가며 발복기원을 빌어서 결국 고종황제를 만들었다면, 나는 일파선생의 발복기원 기도로 풍전등화와 같이 꺼져가던 우리 가문이 살아났으니 이것보다 고맙고도 큰 영광은 앞으로 없을 것이라며 지금까지도 집안의 발복기운을 맡기고 있다.

특히 필자를 찾는 분들 중에는 이분의 막내 손자 아들처럼 대학진학 문제로 고민하시는 분들이 특히 많다.

급하게 서두르는 만큼 빠른 효과를 얻길 바란다.

허나 가장 중요한 것은 앞서 말한 총장님처럼 사계절 정도의 기간을 두고 발복기원을 하는 것이 가족과 학생에게 더 좋은 대학으로 확실하게 진학 할 수 있는 좋은 여건이 만들어지기 때문이다. 이렇게 중, 하위권에 머물던 자녀들이 놀라운 변신으로 몇 단계씩 업그레이드되어 명문대학으로 국내외에 입학하는 것을 보면 부모님들도 기쁘겠지만 필자 자신도 참으로 신기하게 느껴질 뿐이다.

심지어 어떤 부모님은 자신들도 포기한 자녀가 필자를 통해 명문대학교에 합격하였을 땐 고마워서 감사하다는 말을 들을 때는 필자의 기쁨은 이루 말할 수 없이 기뻤다. 자녀가 명문대학교에 합격하였다는 것은 사업도 술술 잘 풀려서 집안이 잘 돌아간다는 증거이다. 금상첨화(錦上添花)란 이를 두고 하는 말일 것이다. 올해에도 얼마나 많은 기적이 이루어질까 내심 기다려진다.

내친김에 한 가지 더 말해볼까 한다.

필자를 찾는 분들 중에는 특이하게도 고시생을 둔 부모님이나 당사자들이 많은 것도 특별한 것 중 하나다. 아마도 치열한 경쟁과 자신과의 싸움에서 오는 스트레스 때문이 아닌가 하는 생각이 든다.

그간 필자를 찾아온 수많은 고시생들 중에는 현직 판·검사가 되어 입신양명을 한 분들이 많다. 그중에 특이한 분이 어느 날 힘들게 일본으로 필자를 찾아왔다.

현직 검찰 최고의 간부이며 수없이 많은 일화를 남기신 유명한 분이라는 것을 나중에야 알게 되었다. 첫 대면의 모습에서 어금니를 물고 눈을 질끈 감으시더니 자식들의 문제로 찾아오게 되었으나 의논하기에 앞서 스님께서 원효대사의 비법을 터득하여 출사를 하셨다니 나를 이해시킨다면 허심탄회하게 자식들 문제를 의논하겠지만 만약에 자신을 이해나 납득을 시키지 못한다면 스스로 부끄러운 줄 알고 와온정사를 닫아야 할 것이라며 무슨 비장한 결심을 한 사람처럼 공갈과 협박을 하였다.

필자가 어떻게 저를 알고 찾아오시게 되었냐고 물었더니, 모 부처의 장관을 통해서 자세한 말을 듣게 되었고, 반신반의하며 이렇게 찾아오게 되었노라고 하였다.

필자가 주저할 이유가 없다. 오히려 필자 입장에서는 이러한 유형의 분들이 알려주기가 훨씬 편하다. 장장 2시간에 걸처 비법에 대해서 집중적으로 설명하고 본격적으로 그 분 조상님들의 5대조까지의 영혼을 하나하나 확인시켜주었다. 몸으로 직접 느끼자 깊은 신뢰를 보여주며 그때서야 현직 검찰 고위간부임을 밝히며 똑똑한 두 자녀가 왜 계속해서 고시에 낙방하는지를 이제야 알게 되었다며, 그간 도무지 이해할 수 없었던 심정을 비로소 속 시원하게 풀게 되었다며 진심으로 집안의 발복을 부탁하였다.

그 후 두 분의 자녀는 고시에 합격하여 지금은 현직에서 활발하게 활동하고 있다. 자녀들이 시험에 떨어진다고 무조건 실망하고 낙담만 할 일은 아니다.

같은 노력을 경주해도 누구는 성공하고 누구는 실패하게 되는 이유가 조상님들의 천도를 하게 되면 당신과 당신의 자녀들이 오장육부가 편해지고 머리가 맑아지는 것을 본인들이 확연히 느끼는데 당연히 공부가 집중도 잘 되고 머리에 쑥쑥 들어오는 것이 당연하지 않겠는가,

우리는 영혼이 있다, 없다를 논하지만 영혼은 무조건 존재한다.

중요한 것은 당신에게 도움이 되는 영혼이냐 아니면 도움이 안 되는 영혼이냐가 중요한 것이다.

한번은 동대문에 지인과 만날 일이 있어서 볼일을 보고 포

장마차에서 우동을 먹다가 어린영가가 시무룩하게 앉아있는 것을 보았다. 그래서 아주머니에게 집안 내력을 줄줄이 말해 주었더니, 어떻게 우리집안 내력을 그렇게 소상히 알 수 있느냐며 도사님이 따로 없다시며 신기해했다. 필자도 유쾌한 시간을 보내고 있었는데, 대화중에 아들이 고시공부에 번번이 낙방을 하는데 안쓰러워 그러니 이것도 천운의 인연인데 자식이야 말로 나의 전부이니 만큼 도와달라고 했다. 포장마차 이름도 재미있는 '짱이야 포장마차'인데 아주머니 입담이 걸쭉하여 그런지 주변 포장마차 중에 제일 인기가 좋은 것 같았다. 필자가 신경을 쓰겠다고 약속을 하였고 몇 달 뒤에 아들이 고시에 합격했다는 감격해 하는 전화를 받았다. 지금은 그때 그 아들이 변호사로 활동하고 있다.

이렇듯 우리 주변에는 근본을 바꾸지 않고 무작정 자식이 고생한다고 보약 달여 보내는 등 부모님이 고생하며 뒷바라지에 열성이니, 자식은 부모님께 보답하고자 무작정 공부에만 매달리는 경우를 흔히 보게 되는데 이것은 잘못되어도 한참 잘못된 것이다.

원하는 대학에 가고 싶거나 고시에 꼭 합격하고 싶다면 하루라도 빨리 필자의 말대로 조상님들의 영혼 안부를 확인하는 것이 급선무임을 잊지 말아야 할 것이다. 필자가 앞서 밝힌 조상 영혼천도의 확인만큼 살아있는 우리를 크게 놀라게 하는 것도 없다. 당사자가 직접 조상 영혼의 유·무를 확인할 수 있는 비법은 확언하건데 고대로부터 현재까지 동, 서양의 어떤 종교적 수장도 할 수 없었던 내용이기에 감히 말하지만 목숨을 걸고서라도 확인시킬 수 있음을 거듭 밝힌다. 현실 세계에서 영혼의 세계가 존재한다는 것을 바로 그 자리에서 시원하게 실증해 보인다는 것은 현대문명의 상식으로는 도저히 불가능하게 생각할 수 있을 것이다.

그러나 훌륭한 자녀를 만들기 위해서는 우리의 자녀들이 부모를 통해서 이 땅에 어떤 재능과 운명을 타고 났는지를 파악하는 것 또한 급선무이다. 명문가의 집안에서도 대대로 내려온 집안의 재능과 특기를 살려 자손들을 대(代)를 이어 성공시키고 있다.

남종문인화(南宗文人畵)의 산실인 진도 허 씨는 세계적으로도 드문 5대째 대물림으로 그림을 그리는가 하면, 서울 사대문 안에 유일하게 종택이 있는 한산 이 씨의 시조인 목은 이색(牧隱 李穡 1328~1396) 선생의 후손들은 현재 4년제 종합 대학의 교수만 200여명이 넘는다고 하니 가풍 따라 인물이 나는 법이라 하겠다.

사대부 집안의 가풍과 인물을 일일이 열거하여 구체적으로 쓰고 싶어도 행여 누가 될까봐 자세히 쓰지 못하지만 때로는 정치를 하는 집안으로, 예술인으로, 한국의 인문학을 이끄는 대학자로 또는 무인의 맥을 이어 장군으로, 과학자로, 소설가로 성장하여 성공하는 후손들의 재능이 어쩌다 소가 뒷걸음 치다가 쥐 잡는 격으로 만들어지는 것이 아님을 알아야한다.

요즘 자녀들은 부모님의 요구에 기준하여 엄격히 가르치는 세태는 귀담아 들어야할 내용이라 생각한다.

옛말에 왕대밭에 왕대 나고, 쑥대밭에 쑥대 난다고 했다.

당신도 모르던 선대조상의 피가 어느 쪽 분야에서 당대에 일가를 이루었는지를 필자와 함께 조상들의 영혼을 통해 찾아야만 한다. 그것이야 말로 당신의 자녀들이 어려서부터 선대조상의 피를 물려받은 분야에서 발군의 재능을 보이고 결국 성공하는 자녀를 보게 될 것이다. 이렇게 준비한 마음과 실행을 부모가 강력히 원한다면 당신의 자녀들이 어떻게 성공하지 않겠는가. 당신 또한 이승에 있는 한은 반드시 성공을 보장한다. 부모님 영혼에 효도함으로 당신과 자녀들은 이미 성공의 길에 들어선다. 이제는 가슴 펴고 세상을 향해 당당히 소리쳐도 된다.

# 4
## 무섭게 다가오는
## 불치병

조선시대 때 활동했던 의성 이제마는 한의학의 사상체질을 도입한 당대의 최고 의사였다. 환자마다 아픈 증상이 같다고 하더라도 태양인에게 처방하는 방식이 다르고, 태음인에게 처방하는 방식이 달라야 한다는 획기적 방안을 제시하였다.

그렇다면 나의 체질은 어떤 체질이냐가 중요해진다. 즉 근원이 어디에 뿌리가 있었느냐가 중요해 진다는 것이다. 현대의학적인 측면에서 볼 때 어떤 체질이건 병이 난 환자가 생기면 말 그대로 고치면 만사형통이다. 그러나 요즘같이 우주시대를 열고 첨단문명을 향해 끊임없이 인간한계에 도전하는 현대의학에서도 넘지 못하는 벽이 어느 날 찾아오는 암과 같은 불치병이다. 부자이건, 가난한 자이건, 인간의 병을 고치는 의사라도 인간이면 가장 두려워하고 공포스러운 것이 불치병이다.

그렇다고 예고 없이 불쑥 찾아온 불치병이라도 단지 암에 걸렸다는 이유하나로 포기하기에는 살아온 인생이 너무 억울하다.

실제로 경험해보지 않은 분들은 절실한 환자의 심정을 모를 뿐더러 유서를 써 놓고 생활하는 그분들의 처절한 삶의 욕구를 잘 모르니 무슨 사연이든 일단 부정적으로 가면을 쓰고 보려 한다. 특히 눈으로 직접보지 않고서는 같은 심정이 되기가 쉽지 않다. 그러하니 가족들의 심정도 알면 수긍이 가나 실제적으로 어떻게 도와야 할지 마음이 선뜻 통하지 않는다. 하지만 당사자인 환자와 가족들은 다르다. 조금의 희망이나 가능성이 생긴다 싶으면 환자의 영혼을 던져서라도 일심을 다해 상대에게 기대보려고 한다.

결국에는 필사적인 그 일심이 필자와 같은 영혼천도의 비법을 가진 특별한 사람과의 만남을 통해 환자와 가족들의 절실함과 적극적인 믿음으로 기적적으로 승화되는 예는 얼마든지 있을 수 있다. 이것을 계기로 많은 분들에게 광명의 빛을 주었고, 많은 분들이 혜택 받고 복 받기를 원한다.

지리산 수행 처에서 지금도 제자들이 많은 연구와 수행을 통해 연구하는 중이다. 그러나 이 세상에 있는 많은 불치병 중에서 특별히 관심을 쏟은 분야가 암에 관한 분야였고, 그 관심과 열정이 암에 걸린 환자분들을 위해 『암 없는 세상을 만들고 싶다』는 저서를 세상에 내놓게 되었다. 책이 출간되자마자 장안에서 일대 선세이션을 일으켰다.

종합병원에 입원해 있던 환자와 가족들, 일산 원자력 병원과 전국에 있는 대학교 종합병원에서 환자와 가족들로부터 수많은 전화가 폭주하였다. 그도 그럴 것이 그 책에 나와 있는 환자분들과 가족들이 필자의 무지로 인해 어느 병원에 입원해있던 환자로서 실명이 누구이며 어떤 분은 담당의사까지 거론을 하였으니 본의 아니게 책에 나온 병원에 확인하려는 전화가 폭주하여 업무에 막대한 피해를 입은 것에 대해 이 지면을 통해 진심으로 사과한다.

그렇지만 이렇게 책을 보거나 소문이 나면서 많은 분들이 찾아오셨다. 오시는 분들마다 사연 없는 드라마가 없는 듯싶다. 그러나 예상치 못했던 것에서 문제가 되었다. '의료법위반' 이라는 청천벽력이 떨어졌다. 의도가 아무리 순수하다고 해도 어떤 방식이든 환자를 보는 것은 의료법 위반이니 당장 중단하라는 것이다. 그렇지 않으면 고발한다고 하니 스님이 법을 어겨가며 할 수도 없는 일 아니겠는가. 필자가 생각하는 법이라는 것도 사람을 위해서 있는 것일 텐데 어째서 위법이 되는 건지

언뜻 이해가 안 갔으나 어쩔 수없이 그만 둘 수밖에 없었다.

그렇다고 환자와 가족들에게 닥쳐오는 엄청난 고통을 외면할 수는 없다보니 몇 가지 환자와 가족 분들에게 짚고 넘어갈 일에 대하여 설명해 주지 않을 수 없었다. 본인세대에 가족 중 암, 중풍 등 불치병 환자가 나오고 선천성 장애아가 태어나는 것은 거의 예외 없이 부모의 집안 조상 중에 암으로 혹은 장애아로 불구가 되어 돌아가신 조상이 있는 경우가 틀림없이 있게 마련이고 이는 유전의 결과로 후손들의 불행이 환자 한 사람의 죽음이나 고통으로 끝나는 것이 아님을 설명해 주었다. 경험상 현재의 환자나 가족들이 확실하게 조치를 취하지 않으면 유전이 계속된다고 보면 틀림없다.

실제로 환자분들은 조상들의 영혼천도로 자신들이 호전될 수 있다면 환자 본인이나 가족들이 적극적으로 나오게 된다. 환자 본인이 이 병원 저 병원 수없이 다니며 끊임없이 좌절을 겪고 이번에도 마지막이길 바라는 절실함이 있고, 가족들에게 너무 많은 고통을 주는 것 때문에 호전될 것이라는 확신만 있으면 무엇이든 할 수 있는 상황일수록 차분하게 그 원인을 찾아 해결해야 할 것을 필자는 제차 강조하는 바이다. 다만 이 지면을 통해 환자 분들에게 해주고 싶은 말이 있다.

人固有一死    인고유일사

或重於泰山　　혹중어태산
或輕於鴻毛　　혹경어홍모

"사람은 누구나 언젠가는 죽기 마련인데 태산보다
　무거운 죽음이 있는가 하면 새털보다 더 가벼운 죽음도 있
게 마련이다."


　옛말에 피할 수 없으면 차라리 부딪쳐서 즐기라는 말이 있
듯이, 어차피 맞이하게 될 죽음이라면 중심을 잃지 말고 머리
를 맑게 하고 가슴을 청정하게 유지하여 세상에 왔다간 흔적
의 의미를 있었음을 세상에 알리고 차분히 저 세상에 갈 준비
하기를 부탁하고 싶을 따름이다.　실제로 필자에게 본인들이
죽으면 저 세상에서 고통과 고생 없이 잘 갈수 있게 자신을
부탁하고 자신을 위해서 고생한 가족과 자식들에게 어떠한
형태든 도움을 주고 싶다는 환자들도 많다.
　필자의 경험상 암에 걸린 환자들을 어떻게 해서든 고쳐보
려고 초창기에는 모든 공력을 기울였다. 그런데 암 환자들의
병세가 병원에서 진단한 것처럼 초기일 경우에는 완치가 되
는데 악성이고 말기일 경우에는 영적인 힘이 말을 안 듣는다.
　지금까지 10여명 빼고는 완치된 적이 없고 다만 병원에서
3개월 남았다든가 6개월 남았습니다, 하는 진단을 받은 환자

가 호전이 되어서 생명연장을 몇 년 더 사는 것 정도는 되었다. 더 이상 되지 않는 것이 못내 궁금하고 지금도 목하 연구 중이다. 여러 의문을 갖고 파고들어도 아직 암이라는 병명에 대해서 알 수 없는 수수께끼가 너무도 많다. 언젠가는 성공하리라는 확신을 갖고 정진 중이다.

이렇게 써 놓고 보니 또 혹이나 의료법 위반이니 하는 분쟁의 문제를 야기할까봐 더 이상 쓰기에 조심스러우나, 필자가 아픈 분들을 도와드리려는 의도 자체가 일본에서 우연한 기회에 시작하게 되었고 지금도 순수한 심정으로 도와드려야겠다는 의도이지 의술행위를 하려고 하는 것은 절대 아니었음을 말하고 싶다.

일본에서도 같은 상황이 벌어졌으나 일본에서는 사람의 병을 치료했다는 자체를 크게 보았고 적극 권장할 일이라는 말을 들었을 뿐이다. 스승님께 배운 학습이 어디까지 영향이 미치는지, 사회에 얼마만큼 도움이 될 수 있는지를 알아보려는 차원이 내심 크게 있었다. 어쨌거나 필자로 인해 새 세상의 광명을 보았다면서 어린 아이처럼 좋아하는 그들을 보면서 후회보다는 행복이 앞선다. 지금도 할 일을 했을 뿐이고 내심 무언가 도와주었다는 뿌듯한 심정일 뿐이고 앞으로도 계속할 것이다. 다만 자손들에게만큼은 환자와 같은 고통을 갖지 않게끔 미리미리 조상 영혼의 안부를 살펴서 예방하기를 바랄 뿐이다.

# 5
## 훌륭한 자녀와
## 사업하는 부모님께

훌륭한 자녀문제를 거론하기에 앞서 부모의 사업 이
야기를 꺼내는 것은 자녀들과 부모 간에 연결되는 불가분의
관계 때문이다.

외국출장으로 심신이 혹사당하고 국내에 산적해 있는 현안
을 처리하기 위해 눈 코 뜰 새 없는 경쟁적 사회생활 가운데
서도 자식은 희망이다. 특히 아버지의 사업동기를 물어보면,
'가족의 행복과 물질적 안정'을 위해 이렇게 열심히 한다고
한다. 그러나 한편으로는 얼굴보기 힘든 자녀들에게 과정보
다는 결과만 듣고 자녀들의 요즘 생활을 유추할 수밖에 없는
현실 또한 사실이다.

부족한 부자지간의 정을 그나마 해소 시켜주는 것이 돈이다. 학원이며 과외비, 운동비, 필요하다면 외국유학도 마다하지 않고 그 비용으로 아버지의 역할은 어느 정도 한 것 아니겠는가 하는 면죄부를 생각하기도 한다. 말 그대로 부부간이건 부자지간이건 돈으로 대신 하려든다. 엄마들에게 남편의 가장 큰 잔소리는 부족한 것 없이 생활비를 주는데 당신이 어떻게 신경 쓰기에 아이들 성적이 이렇게 형편없느냐는 잔소리가 가장 듣기 싫은 소리가 되었다.

부인에게 미루는 책임도 돈으로 메우면 다인 줄 알고 책임과 돈이 연결 지어져 있다. 물론 양쪽 다 잘 하는 부모님도 많이 계신다. 그러나 과연 과외 시키고 명문대학교에 합격하고 외국유학을 보냈다고 해서 모두가 훌륭한 자녀가 된다고 말할 수 있을 것인가. 부모 자식 간의 조건부로 따진다면 자식들이 더 많이 배워서 똑똑해 졌으니까 그렇게 생각할 수도 있다.

똑똑하다는 것은 말 그대로 부모가 바라는 조건이 될 수는 있다. 그러나 명심해야 할 것이 꼭 있다. 사업을 하는 분일 경우 대게 일반인들보다 인생의 역경이 뚜렷하다. 위기 한번 없이 사업을 성공시킨 사람이 얼마나 되겠는가. 이렇게 사업하는 집안의 조상들의 영혼을 확인해 보면 성공할 수밖에 없는 조상 영혼과 해를 끼칠 수밖에 없는 조상 영혼이 꼭 공존하는 경우가 대다수이다.

그렇기에 어느 쪽이 득세하느냐에 따라 인생이 달라진다. 여기에 자식들의 운명도 비슷한 곡선을 그린다. 부모가 사업에서 성공가도를 달릴 때에는 자녀들도 부모님 말씀 잘 듣고 할아버지 할머님께도 전화도 자주하고 칭찬 받으며 공부도 상승곡선을 그린다. 그런데 회사가 어렵고 힘들 때에는 이상하게도 자녀들의 탈선이나 공부의 성적도 계속 떨어지고 부모와 학교에서 반항심만 키워진다. 그러다가 또 사업이 잘되면 자녀들도 잘 되고 못되면 자녀들도 하향곡선을 그리게 되고 그러다가 사업이 부도라도 나면 자녀들은 끝없이 방황의 추락을 겪게 된다.

그러면 왜 이런 현상이 일어나는 것일까?

필자의 경험상 사업하는 집안의 진짜 영혼천도를 하였을 경우 사업이 번창할 수 있게 되면 자녀들 또한 예외 없이 훌륭한 자녀가 되기 위해 스스로 노력하고 잘 되는 경우가 대부분이었다. 물론 해를 끼치는 영혼을 찾아내어 확실하게 잘 가게 만드는 것이야말로 더 말할 필요 없는 자명한 사실이다.

이렇듯 훌륭한 자녀를 만들고자 한다면 반드시 조상 영혼을 확인하여야 할 것이다. 자라나는 청소년이 있는 집안이라면 돌아가신 부모님의 영혼천도를 통한 발복으로 자손들이 훌륭하게 자라날 수 있는 원천을 제공하고 발복의 기운을 통해 가문이 번창할 수 있게 만들자는 것이 필자의 주장이다.

기러기 아빠의 절반 이상이 교수와 사업가라는 통계가 있다.

무한경쟁의 시스템에서 자녀들의 성공을 위해 생활의 변화도 선택하면서 정작 부모님과 조상들의 영혼에 관계된 것을 등한시 하는 것처럼 위험한 것도 없다. 왜냐하면 조상의 발복은 당신과 자녀들이 함께 이루어지는 경우가 대부분을 차지하고 있기 때문이다. 더욱이 필자가 종교지도자 분들과 목숨 걸고 확인하자는 것이 바로 이 일인 것이다.

훌륭한 자녀를 만들고자 한다면 반드시 조상 영혼을 확인해야 한다. 그런데 이와 비슷한 집단이 정치인들이다. 선거 과정에서 오는 스트레스가 집안까지 스며들고 가족 전체가 스트레스에 휩싸이게 되고 자녀들에게 영향이 미치지 않는다면 그것은 거짓일 것이다. 더욱이 선거의 당락이 자녀들의 인생에도 막대한 영향을 미치게 된다. 정치란 본인과 가족들의 운명을 바꾸는 커다란 인생의 승부처이다. 당선되면 가문의 영광이고 명예와 부가 한꺼번에 딸려 오지만 안 될 경우 명예와 건강을 잃고 재정적 어려움에 깊은 나락으로 떨어진다.

그로인해 가족들이 방향을 잃고 우왕좌왕 하게 되고 심지어는 가족 간의 관계가 단절되고 불화로 인하여 자녀들의 인생에도 커다란 영향을 미치게 된다. 이렇듯 선거는 사람을 최고로 최저로 곤두박질치게 하는 위험이 있다. 그러나 이때 떨어진 선거를 당선으로 해주는 것이 조상 영혼천도이다.

지금까지 필자는 국내적으로 선거 당선을 위한 정치인들과 사업성공을 위한 경영자들의 제의와 국외적으로는 일본종단으로 부터의 자연재해 희생자들을 위한 천도제의를 받고초대를 받아 조상 영혼 천도를 하고 다니고 있지만 언젠가는반드시 필자의 조국을 위해 할 일이 꼭 있을 것이다.

　첫 번째 할 일이야 당연히 독립군 영혼위무와 호국을 위해초개같이 자신의 목숨을 바친 국가유공자와 모든 가족들을위한 영혼천도에 큰 뜻이 있었다면, 둘째로는 바로 어린 청소년들의 교육이다. 필자가 그 동안 국내와 일본에서 추진하여온 장학사업이 본 궤도에 올라서면 기미년 독립선언서 발기인 33명이 뜻을 함께 했듯이 매년 33명씩 30년간 장학금 지원은 물론이고 학생들의 교육을 필자와 각별한 관계를 맺고있는 세계 여러 나라의 석학들에게 이미 초청장과 초빙을 오래전부터 부탁한 상태이다. 물론 국내에서도 앞서 말한 모 총장님이 행정시스템과 교수 급으로 이뤄진 전문 인력과 제반여건이 갖추어진 교육환경을 위해 전폭적인 지원을 아끼지않겠다고 약조를 해주신 상황이다.

　필자를 포함한 학생이 1,000명이 될 예정이다. 이 999명의학생들이 장학금을 후원받고 세계적인 석학들에게 세상을 살아가는데 필요한 세계적인 리더십을 체계적으로 배우고 사제지간으로 맺어주면서, 필자가 온 힘을 다해 학생 하나하나에 집안의 조상천도를 통하여 발복을 해준다면 반드시 30년대에 우리나라에서 세계적인 지도자 그룹이 만들어지고 탄생되어서 21세기 대한민국을 초강국으로 만들어내는 집단이 형성될 것이라고 확신을 갖고 있다. 999명의 학생이 전 세계로 퍼져나가며 학문을 공부하고 리더자가 되기 위한 체험을 한다고 생각하면 지금도 가슴이 뜨거워짐을 실감한다.

요즘 한국사회의 화두는 조기유학의 열풍이다. 교육에 대한 부모님들의 기대치가 커지고 있는 현실이다. 그러나 TV 뉴스와 신문을 보면 마치 유학 가는 학생들이나 유학을 보내는 부모님들을 마치 외화를 흥청망청 쓰는 매국노 취급하는 듯한 뉘앙스가 필자 입장에서는 영 마음에 안 든다. 어린 학생들의 조기 유학은 부자들만 보내는 전유물은 아니다. 자식을 이국 만리타향에 보내는 것은 한국인의 집념을 표출해 보이는 것이다.

자식에 대한 교육투자가 부모님 입장에서는 전부이고 한국 내의 가족들의 모든 생활 시스템이 허리를 졸라매고 나의 자식만큼은 반드시 성공시키겠다는 노력의 한으로 바뀐다. 바로 이 점이 대한민국이 세계무역경제 10위에 오르고, 불굴의 한국인이 500원짜리 화폐에 새겨진 거북선 하나로 모래만 널려있던 울산현대중공업을 세계에서 대적할 자가 없는 세계 최고의 일류기업에 등극시키며 선진국으로 성장하게 된 원동력이 되었음을 한국인들은 아무도 부인하지 못할 것이다.

'어린 학생들은 누구나 연어다.'

남대천을 떠난 어린 물고기가 망망대해의 천적과 거친 몸싸움을 통해 생존 경쟁력을 끌어올리고 성어가 되어 다시 남대천을 올라오는 이치와 다를 바 없다. 우리의 자녀들이 대한민국의 영양분이 될 것이고, 앞서간 선배들의 투혼과 선조들의 피맺힘을 반드시 성공하고 돌아와 국가와 사회에 반드시 도움을 줄 것이라고 확실히 믿어 의심치 않는다. 다만 부탁하고 싶은 것이 유학보내기 전에 효의 근본인 조상들의 영혼천도를 꼭 하고 가라는 것을 강조하고 싶을 뿐이다.

필자가 당신의 자녀를 위해 목숨을 걸고서라도 당신과 가족들의 운명을 바꿔준다고 약속하는데 믿음을 갖고 따라주었으면 좋겠다. 그렇게 되면 당신과 당신의 자녀들만큼은 걱정하지 않아도 된다. 필자가 이렇게 간절히 호소하는 이유는 국가지대계인 교육도 중요하지만 그 교육을 통해 교육을 받는 훌륭한 자녀를 만들려면 근본의 태(胎)가 바로 여기에 응집해 있음을 알기 때문이다.

옛말에 진인사대천명(盡人事待天命)이라 했다.

사람이 할 수 있는 모든 것과 조치를 취하고 난 후 하늘의 뜻을 기다리라 했으니, 후손들은 후손이 할 수 있는 일부터 해놓은 연후에 하늘의 뜻을 기다리는 것이 가장 현명한 지혜가 아닐까 생각한다. 원효대사께서 살아생전에 세상을 깜짝 놀라게 할 경전을 집필한다고 했다. 그것이 유명한 금강삼매경론(金剛三昧經論)이다.

금강이란 말은 견고한 보석을 말하는 것이기도 하지만 그보다는 '번개와 벼락'을 뜻하는 것이다. 탐욕과 질투와 시기심과 오만과 허위와 불효로 인해서 우매해진 자의 머리인 영혼과 흐릿해진 눈꺼풀인 시각을 도끼로 깨부수어 번쩍 뜨이게 즉 깨닫게 하는 번개가 금강 이라했다. 금강삼매경론은 번개와 벼락같은 금강방망이로 세상을 내리쳐서 깜짝 놀라 깨달음에 이르게 하는 경전인 것이다. 필자의 금강삼매경인 번개와 벼락은 이렇게 독자들 곁으로 다가왔다. 힘들고 어려운 이들 곁에서 누군가에게 의지할 만한 언덕이 되어주고 깜깜한 밤의 등대가 되어주길 자처하고 배낭 하나 등에 메고 나선 세상이다. 원효대사와 같이 새벽을 여는 여명의 빛이 되고자 힘들고 외로운 자들 곁에서 미력한 필자의 힘을 최선을 다해 당신에게 보탤까 한다.

필자가 진행해온 십여 년의 공적과 독자들과의 인연을 통해 대한민국이 21세기에는 세계의 중심이 될 수 있도록 훌륭한 자녀를 만들기 위한 노력에 최선을 다할 것을 다짐해본다.

# 에필로그

책을 집필하면서 그 동안 말하지 못했던 감정을 호소도 해보고 권유도 하면서 필자의 이름에 걸맞는 언행을 하려고 무척이나 고심했었다.

특히나 필자와 대면했던 많은 이들에게 희망을 주려고 노력을 아끼지 않았다. 또한 필자를 통해 어떤 경우에도 당신 인생을 포기하지 말라는 것과 고난을 이겨내고 어떤 상황에서도 웃을 수 있는 여유와 자신감을 당신이 발견할 수 있게 되길 바라는 마음에 집필하게 되었다.

좌절해 본 사람만이 교감할 수 있는 따뜻한 격려를 해주고 싶다.

성공, 실패, 좌절, 재기 그리고 다시 성공, 실패, 좌절, 재기 이렇게 순환이 이뤄지는 과정을 성공으로만 갈수는 없는 것일까?

계속적인 성공을 위한 노력은 많은 사람들의 원초적 본능임에 틀림이 없기에 필자는 강력하게 그 방법이 발복임을 권하였다.

많은 사람들이 발복이라는 의미를 제대로 알고 있지 않은 상태에서 그저 조상 발복이라는 단어만 보고는 '미신이다' 라고 확정 짓고 생각하는 분들이 대다수이기에 수학공식처럼 보여주고 싶었던 것이 솔직한 심정이었다. 조상들에 대한 발복을 하지 않고서는 집안과 자손들이 잘 되기를 바라지 말아야 한다.

그럼 발복이란 정확히 어떤 것을 가리키는 말인지 궁금해할 분이 많을 것이다.

조상님들의 발복에 대한 예들은 사대부 집안에서 찾아볼 수 있을 것이다. 전국에 수많은 사대부 집안의 종택이 있지만 서울 사대문 안에 유일한 600년 영당인 한산이씨, 목은 이색 종가를 보면 혹시 독자 분들에게 이해가 가지 않을까?

서울 종로구 수송동에 있는 목은 이색 ( 牧隱 李穡 1328~1396 ) 선생의 영정을 모신 이곳은 600년간 숱한 난관을 극복하고 지금껏 서울의 한복판에서 후손들이 지켜온 영험한 곳이다. 그 후손들이 현재 500여 명에 이르고 그 중 후손들 중에는 고려 말 삼은의 한분인 이색, 고조선 사육신의 한분인

이 개, 구한말 독립운동가 이상재 선생 등을 배출한 정의의 후손들이며 4년제 대학에 재직하고 있는 현역교수가 200여 명이 넘는 절대의 학자 집안이다. 600년 전 한분의 지조가 한 집안을 넘어 인맥의 대동맥으로 사회와 국가에 이토록 헌신할 수 있는 인맥을 만들 수 있다는 것은 사실 조상들의 후광 없이는 불가능하다 할 수밖에 없다.

결과적으로 지난 600년간을 한 번도 빠지지 않고 지냈을 조상님들의 제사와 제상의 음식들은 이승과 저승을 이어주는 우주의 공간이며 산자와 죽은 자의 벽을 넘나드는 영혼의 교감장소였을 것이다. 결국 제상은 과거, 현재, 미래로 흘러가는 시간의 강물인 동시에 산자와 죽은 자의 두 공간이 접속할 수 있는 경계 영역인 특별한 휴대폰의 통화 장소인 것이다. 발복이란 후손들의 영광을 위한 것이다. 무엇인가 더 큰 것을 얻기 위해 반드시 자기 것을 내줘야 하는 것이 발복의 기본 원칙이다.

살아있는 후손이 죽어있는 부모님께 자손만대의 번영을 소망하며 비는 것이 발복이라고 정의할 수 있다. 이렇듯 발복을 통해 후손이 원하는 간절한 소망을 들어준다.

대통령이 되고 싶다. 기업의 총수가 되고 싶다. 자손들이 간절히 원하는 고시에 합격이 되게 해주고 싶다. 국내외 명문 대학에 합격시키고 싶다던가 하는 원하는 것이 간절한 소망을 들어주는 것이 조상님들의 발복인 것이다. 알아야 할 것은 발복의 효험이 없다면 수백 년간을 왜 이토록 많은 사람들이 간절하게 매달리겠는가.

믿음은 태산을 움직인다고 했다. 믿음하나로  집안의 운명이 바뀐다는 것을 명심해야 한다.

필자가 일심을 다해 파고드는 분야가 바로 조상 영혼의 발복을 통해 그 집안의 훌륭한 자손을 얻게 해야겠다는 것이 이 책의 중요 핵심사항이다.

인간은 영적인 존재이기 때문에 태아가 들어서면 비로소 이승에서의 삶을 시작한다. 그러나 원치 않은 임신을 했거나 태아가 기형임이 밝혀진 경우에 법적 문제나 종교적인 문제가 어떻든 대다수의 사람들이 알게 모르게 낙태수술을 하고 있는 게 현실이다.


거듭 말하지만 사람은 영과 육이 함께 존재하는 생명체이다. 영혼이 없는 육신은 단지 시체 한구에 지나지 않으며 육신이 없는 영혼 또한 귀신에 불과하다. 따라서 사람의 형체가 다 갖추어지지 않은 태아의 경우라도 결국 그 속에 영혼이 존재하기 때문에 낙태를 하였을 경우에는 반드시 영아 영혼천도를 해주어야 한다. 태아에게 당연히 영혼이 있기 때문이다.  훌륭한 아이가 태어나길 바라고 만들어 지길 바란다면 조상의 발복 없이 기대하지 말라는 이유가 그냥 하는 말이 아니다.

1,350여 년 전 작은 나라 신라에서 일기 시작했던 원효대사의 영험함이 화랑들을 육성하여 한반도 통일의 초석을 다진 전진 기지가 되었듯이, 필자의 후원과 노력으로 육성된 999명의 학생들이 국가와 민족을 위해 헌신하고 봉사하며 가문의 영광과 국가의 자랑으로 성장하길 기대해 본다.

그 동안 많은 이들의 도움을 받아 많은 일들을 할 수 있었음에 감사하고 필자에게 아낌없는 도움을 주고 있는 국내외 인맥의 분들에게 은혜를 꼭 베풀까 한다.

국내 및 일본과 필리핀에 있는 원효사상연구원 제자들에게도 거듭 감사함을 표하지 않을 수 없다. 이 자리를 빌어 감사함을 전하며 혹이나 필자의 학문과 비법에 대해서 궁금증이 있을 줄로 안다.

마지막으로 당신 스스로 실험을 통해 도저히 풀리지 않는 불가사의가 있다면 필자에게 연락을 취하여 잘못된 길로 가는 우를 범하지 않기를 거듭 당부 드리며 글을 마칠까 한다.

# 상담 및 후원

저희 연구원에서는 일제 침략 등 해외 독립운동 희생자들, 월남파병 희생자들로 일본, 중국, 동남아시아, 미국 등 세계 도처에 산재해있는 우리 선열들의 원혼을 조사 발굴하여 한 분의 영혼이라도 그 원한을 위로해 드리고 천도를 하고 있습니다.

특히 서울 동작동에 위치한 국립현충원에 잠들어 있는 54,460 신위의 순국 영혼들과 대전 국립 현충원, 경남 마산의 3·15 묘지, 수유동 4·19 묘지, 광주 5·18 묘지, 경북 영천과 전북 임실에 있는 호국원에 안치된 순국 영혼들과 일본 지역에 묻혀있는 원혼들을 〈범민족적인 천도·위령사업〉이라는 사명적 목표를 걸고 추진하고 있으며, 자료 수집을 위한 순례기도를 하고 있습니다.

무엇보다 정확한 비법으로 명확하고 확실한 천도를 해드리는 것이 중요합니다. 그래서 천도를 하기 위해서는 많은 시간과 자금이 필요합니다. 모든 것이 턱없이 부족하여 이에 뜻있는 분들의 정성어린 손길과 후원이 필요합니다.

후원을 원하시거나, 개인적으로 저자를 만나고 싶은 분들은 연락을 주시기 바랍니다.

〈휴대전화 : 010-2609-9615    카카오톡 ID : laka1234〉